U0733754

智元微库
OPEN MIND

成长也是一种美好

［法］西尔维·田纳本（Sylvie Tenenbaum） 著

刘灵洁 译

关系重建

如何修复有裂痕的关系

Tantôt victime tantôt bourreau

Décodez les mécanismes des relations toxiques

人民邮电出版社

北京

图书在版编目（CIP）数据

关系重建：如何修复有裂痕的关系 / （法）西尔维
·田纳本（Sylvie Tenenbaum）著；刘灵洁译. -- 北京：
人民邮电出版社，2022.5
　ISBN 978-7-115-58426-7

　Ⅰ. ①关… Ⅱ. ①西… ②刘… Ⅲ. ①人际关系—通
俗读物 Ⅳ. ①C912.11-49

中国版本图书馆CIP数据核字(2021)第268600号

版权声明

TANTOT VICTIME, TANTOT BOURREAU

By Sylvie Tenenbaum

© Larousse 2021

Simplified Chinese edition arranged through DAKAI - L'AGENCE

　◆　著　　[法]西尔维·田纳本（Sylvie Tenenbaum）
　　　　译　　刘灵洁
　　　责任编辑　张渝涓
　　　责任印制　周昇亮
　◆　人民邮电出版社出版发行　　北京市丰台区成寿寺路11号
　　邮编 100164　电子邮件 315@ptpress.com.cn
　　网址 https://www.ptpress.com.cn
　　天津千鹤文化传播有限公司印刷
　◆　开本：880×1230　1/32
　　印张：7.25　　　　　　　　2022年5月第1版
　　字数：150千字　　　　　　2022年5月天津第1次印刷
　　　　著作权合同登记号　图字：01-2021-3297号

定　价：59.80元
读者服务热线：（010）81055522　印装质量热线：（010）81055316
反盗版热线：（010）81055315
广告经营许可证：京东市监广登字20170147号

"人类似乎是唯一可以通过说话为自己制造困难的生物，若非如此，这些困难将不复存在。"

——温德尔·约翰逊（Wendell Johnson）

"沟通是任何关系的基础。"

——《格言和公理的集合》，阿道夫·德·切斯纳
（Adolphe de Chesne，1855）

"我所说的礼貌就是，一个人的态度让另一个人觉得自己就在那里。"

——妙莉叶·芭贝里（Muriel Barbery）

前言 ▌PREFACE
维持良好的人际关系

"生活的艺术在于人际关系，没有人际关系就没有生活。"

——《学习是生活的本质》，
吉杜·克里希那穆提（Jiddu Krishnamurti）

还有什么是比培养良好的人际关系更令人愉快的呢？无论家庭、友谊、爱情还是职业，都是生活中必不可少的一部分，没有它们，人类会变得痛苦、孤独。这不正印证了我们常说的"存在就是交流"吗？

正所谓："没有别人，你就不可能幸福。"很多关系在没有非常明确的原因的情况下就会崩溃和瓦解，出现误会、失望、误解、愤怒、沮丧。回顾过去，你可能会因为一些短暂的关系而后悔，会责怪对方，这是很常见的。你会觉得，对方是唯一一个要为这段关系的破裂和你的痛苦负责的人。但你没有考虑到，从对方的角度来看，他是否也曾为此感到痛苦，他是否也认为你才是罪魁祸首。

有些关系不用修复，只需割舍，因为它们只会伤害你，而不会给你带来好处，比如存在难以忍受的行为（攻击性、不宽容、谎言、操纵等）的关系。对于这类关系，你最好尽快结束，因为它们是有害的，最终会损害你的心理、情感和身体健康。本书的主题是重建有意义的关系，因为太多的关系因没有被用心维持而破裂。如果不培养"人际关系"这门艺术——一门需要知识、技能和人际交往能力的艺术，我们无法想象人们要如何过上美好的生活。

与其他领域一样，你在人际关系中也有自己的一份责任。你要知道，没有什么是永恒的，没有什么是持久的，想维持一段关系，你要尽你的一份力量。你有责任为发展和维护和谐的人际关系做出贡献，我愿在这方面向你提供帮助。一路走来，尽管困难重重，但我还是有一些朋友，我与他们在关系中相互滋养，并且这种关系对我们双方都十分有利。我与一些人已经建立40多年的友谊，并且我绝不是唯一一个拥有这种长久友谊的人。因此我可以告诉你，当我写下这些文字时，伴随着微笑，许多美好的回忆浮现在我的脑海中。我经常告诉我的来访者，知道如何编织美好的记忆是很重要的。现在，我把编织美好记忆的方法分享给你们：爱别人与感知自己被爱。这不是什么秘密，它是我们维系关系、在人际关系中获得滋养的方法。

目录 ░ CONTENTS

引言 | INTRODUCTION
人际关系不是宁静的长河

"仁者爱人，智者知人。"

——孔子思想

乔伊斯·卡罗尔·欧茨（Joyce Carol Oates）说："艺术是人与人之间进行沟通的一种形式。"[1] 人际关系也是。然而，建立良好的人际关系所必备的知识并不总能被很好地传递，在人际关系中遇到难处理的情况十分常见。因为进行良好的沟通并不容易。事实上，认为良好的情感足以使人际关系不受障碍、陷阱甚至冲突的影响是一种错觉。很多时候，有人认为自己是"受害者"，他人是"加害者"。当你面对一个非常偏激的人、一个不怀好意的人或道德败坏的人时，事实可能真的是这样的。在这种情况下，你最好尽快终止这种关系。[2] 这种关系属于特殊的心理病理学，是有害的，非常清楚地暗示着

"加害者"伤害"受害者"的意愿，而"受害者"成了让"加害者"感到快乐的"对象"。这种关系是残酷的，有时也是不人道的。尽管身处其中的人有着美好的憧憬，但双方共同生活远非易事，这涉及太多因素，其中以下两个因素是非常重要的。

（1）像 DNA 或指纹一样，每个人都是与众不同的。

（2）不管你承认与否，每个人都由他们的潜意识引导。尽管他们很努力，但他们无法预知当"一切都不顺利"时会发生什么。

因此，一段不良的关系不仅会出现在精神病患者身上，它还会源于反复出现的情况，伴随彼此间的误解产生。人都可能对另一个人产生不良影响。你的情绪，你的行为方式，你的表达方式，简而言之，你在不同情境下的沟通方式，都可能使一段关系恶化。每个人都是如此。如果你不想改变你的沟通方式，只指望别人改变，那是没有意义的，尤其是在一些人只是与你性格不合，但他们并没有做错任何事的情况下。

每个人，尤其是成年人，都要对人际关系的良好发展负部分责任。正所谓"一段关系分为两部分，我要对我那部分负责"[3]。人们常说，一段关系由两个人建立，对于关系中存在的分歧、痛苦或怨恨，两个人有责任去共同解决。公认的处理关系的准则并不是普遍适用的，也并不总有利于关系处理，甚至有一些准则是非常有害的，而你可能在不知情的情况下，哪怕是出于善意，触及有害的领域。因此，你有必要从一段有害的人际关系的根源出发（其与良好的人际关系在细节处差别很大），洞察"良好沟通的秘密"[4]。

哪怕是两个相当稳重和善良的人，也可能建立一种有害的人际关系。"并不一定总有一方是坏的，"多米尼克·巴比尔耶（Dominique Barbier）说，"很简单，两个无意识的人可能会有一场糟糕的相遇：每个人的阴暗部分都刺激着对方的阴暗部分。"[5]自我实现和自发性在这样的关系中会逐渐减弱，直至消失。如果一段良好的关系会放大我们好的一面、让我们进步，那么一段有害的关系会让我们一筹莫展，怀疑自己或他人，让我们感到不舒服，伤害我们的自尊，或者让我们陷入无法表达的愤怒。有时，我们甚至会在这种交流中迷失自我，从而害怕这种交流。这就是为什么糟糕的情况总是接踵而至，为什么总是在与家人、朋友、恋人和同事的相处中出现僵局。人际关系的僵局比其他僵局更容易让人产生痛苦的情绪和感觉，因为没有人知道它们是如何发生的、为什么会发生。

人际关系出现僵局时，最舒服的应对方法是指责对方，指责那个"他"，然后上演一出"受害者"变成"加害者"的"好戏"：批评他，等待他加倍努力做出改变。因为当事人总认为对方"什么都不懂，不听取他人的意见"。反过来，对方对自己受到的指责感到惊讶，并感觉自己成了没有得到公平对待的"受害者"。然后，一个恶性循环开始了，双方轮流成为"加害者"和"受害者"。这也是很多专门讨论沟通问题的图书和网站常讨论的部分。然而，在与他人的关系中，任何来自自我的东西（或多或少的自尊、被爱的需要，或者仅是取悦他人的需要、害怕不受欢迎及其他针对他人产生的先入为主的想法）都会在沟通中不受控制地显现。一切都受无意识的支配。你在和任何人沟通时，特别是在进行面对面的语言沟通时，都不可能意识到他所说的全部内容。因为你不可能完全捕捉他人说话时的面部表情和肢体语言，尽管它们在沟通过程中很重要——非语言沟通（姿势、手势、模仿、面部微表情和身体的细微动作）和准语言沟通（语气、语调、是否沉默、说话节奏、是否强调某些词等）占沟通信息的 80%~90%。

思维方式和行为方式（其中大多数基于信念的潜意识产生）的需要、期望、人际关系、情感，以及生活中的感觉、情绪和态度，这些因素叠加在一起，标记了建立和维持关系的方式，其中有很多东西需要我们理解和发现。

本书可以被看作一段美好的内心之旅。在这段旅程结束时，每个人都将知道自己会以怎样一种方式行事以及为什么以这种方式行事。本书描述了导致不良关系的常见因素，这些因素阻碍了人们进行良好沟通。在阅读过程中，如果你感觉受到了触动，那就由你来做决定是否终止一段有害的人际关系。我要强调的是，这样做并不意味着你是一个不好的人（也不意味着另一个人做了不好的事），只是表示你们之间的关系是有害的或趋向有害的。

提高沟通质量可以避免形成有害的关系。一个人能维持一段关系，意味着他知道如何正确沟通。想正确沟通，首先要求我们与自己沟通，这并不容易。在现在这个通信方式日益多样化的时代，我们有必要花一点儿时间来研究最古老的媒介：语言。沟通不需要使用者掌握任何技术，即使是婴儿也需要沟通，他们需要充满爱的话语和眼神，就像他们需要睡眠、食物和关心一样。良好的人际关系是人们过上美好生活所需要的精神食粮，阿纳托尔·法朗士（Anatole France）在其出版的《林荫道的榆树》中说："人际关系'几乎是一笔财富'。"

第 1 章

一段关系中的
两种性格

"两个人的相遇就像两种化学物质的接触：如果发生反应，那么两者就会转变。"

——卡尔·G. 荣格（Carl G. Jung）

"关系"一词是指两个人之间复杂、原始的"组织"（DNA 证明了这一点）。通过赋予你生命，你的父母创造了一个全新、独特、与众不同的存在。尽管你和他们有相似的生理和结构组织，并且或多或少有一些共同点，但世界上并不存在两个完全相同的个体。

第 1 节
个性是一种世界观

■　■　■　■

　　"我们是用相同的黏土制成的，但使用的模具却不同。"

—— 谚语

　　一段关系至少涵盖两种不同的个性，它们体现你对世界的看法。你的世界观通常建立在以下几点之上。

　　第一，你在遗传学、生物学和神经生理学方面获得的信息。"遗传水平是生物化学水平的基础，生物化学水平是神经生理水平、行为水平、关系和情感水平的基础。"[1]孩子在子宫中获得了父母的基因和情感，其性格开始形成，代际传承在其中发挥了重要作用，无论其作用是好是坏。[2]

第二，家庭（或发生在父母身上的事）给你带来的影响，包括在心理、行为方面的影响，都会潜移默化地影响和塑造你的性格，在各个方面制约你。家庭环境对孩子来说非常具有可塑性和启发性，是一个可以不断学习的地方，它既含蓄又明确，涉及生活的各个方面，包括价值观、思维方式、生活方式、表达方式、情绪管理、饮食、衣着、护理等。这进一步增强了家庭在各个层面的影响，比如社会文化环境、意识形态、兴趣、品位等。与许多动物相比，人的感官能力较为逊色，因此产生了很多相关的训练：孩子们被训练去看、听、闻、感觉和欣赏。通过这种方式，你学会了在家庭中感知你的（物质和人文）环境，并在那里获得了语言能力。

第三，你也被社会文化环境所浸透，没有人能逃脱其影响，它是另一个在各个方面产生不同程度的影响的制约因素。你所处的社会环境有助于你（以一种含蓄而明确的方式）创造各种文化要素。

第四，你正在并将持续使用的应对这些制约因素的方式：感知并分析自身所有的经历，包括自身所经历的和在别人身上看到的。从很小的时候开始，孩子即使还不会说话，也需要理解自己的内心和周围发生的事情。尽管他们的神经系统还没有完全发育，但他们试图从本能、情感和精神层面来理解这一切，通过不断解释他们看到、听到、感觉到、经历过的，做出推断。

解释不是现实

主观认知（推断）是你根据你所观察到的事物做出的推论（解释）。它们或多或少是正确的，因为它们出现的概率是不确定的。"我们所感知的不是有自身规律的外部世界，而是有自身规律的内在世界。"[3]如果一定要进行推论（例如在科学研究中），那么它们可能会给现实生活中的人际关系带来很多困难。例如，仅仅因为一个人不同意你的观点，你就推断他是"奇怪的"或"别有用心的"。你怎么知道这个人符合这个或那个形容词？这个问题看似简单，但对许多有关他人或自己的解释提出了质疑。人际关系可能会因为与现实相差太远的推断而受到不必要的影响，因为推断与现实或多或少有相似之处，它如同一个光标，被放在从"错误"到"正确"的直线上（见图 1-1）。

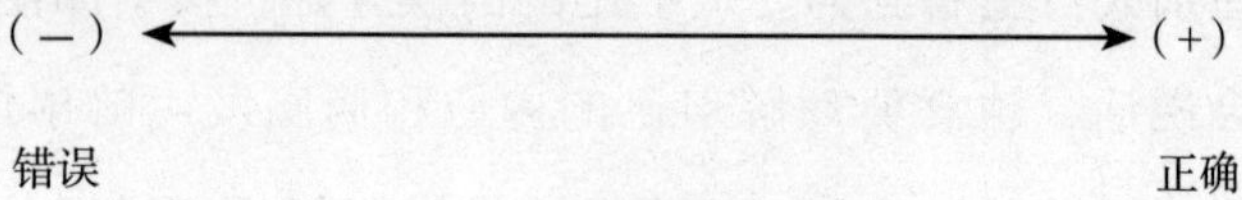

$$(-) \longleftrightarrow (+)$$

错误   正确

图 1-1　从错误到正确的直线

马塞尔·普鲁斯特（Marcel Proust）在《追忆似水年华》一书中写道："我们生活的幸福或不幸，对另一个人来说几乎是一种难以察觉的事实。"解释对于理解或相信他人而言是必不可少的，然而，正如上文所述，这些解释可能是错误的。事实上，"刻板印象的力量恰恰在于它通过一种明显的、非自愿的方式得出某一事实"。[4] 你的世界观引导你不断"解码"他人。

因为有两种认知——事实认知（可观察的、客观的、科学的）和推断认知（解释的、推论的），所以，你观察周围事物及自身的方式也有两种。这两种方式都是非常有用的、必要的（没有推论，就没有创造力或想象力，而它们往往是发现的基础），因此我们有必要知道如何区分两者。

即使是兄弟姐妹，也很难一直保持观点一致。是因为尽管有相似的交流和学习方式，但大家对事物的理解不一样吗？如果让兄弟姐妹几人和他们的父母分别讲述他们一起经历的一件事，你会听到截然不同的故事。他们的感知和解释受他们独特的世界观影响。因此，你有塑造自身个性和世界观的自由。这也是正确的，因为"如果只有一个真理，你就不可能画一百幅关于同一主题的画"。[5] 幸运的是，在青少年时期，如果你想，你有机会质疑很多事情，至少有机会质疑那些你能意识到的事情。简而言之，你的世界观决定了你解释及谈论你的感知的方式。你的世界观反映你独特的个性。当然，它也让人有了一些逻辑认知错误并形成相关的标签。例如，有些人只会看到事物的一个方面，过多的选择扭曲了他们的解释。也有些人会一概而论："小时候，有只狗咬了我，因此狗都很坏。"还有一些人会得出过于消极的结论，他们有时会过度受当前情绪的影响，从而扭曲事实。这也产生了一种世界观。

最初的相遇

你如何选择与你开始一段关系的人？你用什么标准评估一个人？朋友可能会把他人介绍给你，你也可以在工作场所、休闲活动中遇到一些人，你建立一段关系的机会很多。有时，你只需要看某人一眼就会被其吸引，并且或多或少地、有意识地希望有一段友好或浪漫的关系。或者情况恰恰相反。当你第一次看到某人时，你几乎完全无法控制会发生什么，因为这主要是无意识的过程，而在有意识的层面上，你会一点一点地了解他人。在不知不觉中，每个人都不由自主地希望被取悦，对他人产生积极的看法，留下"好印象"（见图 1-2）。

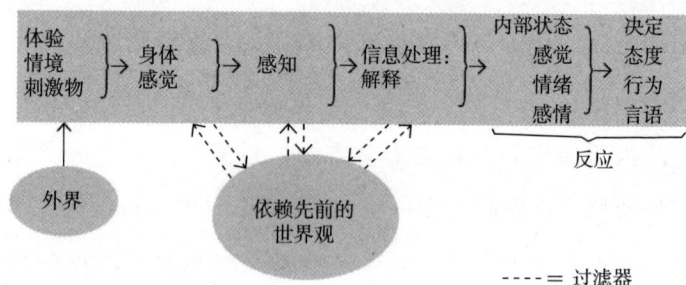

图 1-2　对他人做出反应的过程

　　你想从别人那里得到什么，你想在他人身上看到什么，这是人类的需要，也是每个个体的个性被发现的过程，但这并不总是真实的。

　　第一次见面时，不管你喜不喜欢，你都会对一个人有初步的想法。你与他一起度过的每一刻，都会丰富、补充这个想法（有时这个想法会有很大的变化）。这种最初印象也是你在不了解对方的情况时通过你收到的所有信息而产生的。因此，你与他人的沟通直接受第一印象的影响。你会不断解释你对这个人的看法（通过他的着装、自我介绍、行为、态度、表达方式、言语等）。你的这些推论都基于你构建的"类型学"进行，它们对你来说很重要，是你的标准和过滤器。例如，如果你感觉你面前的人"看起来不太友好"，你就会保持警惕，而他会感觉到你传递给他的非语言信息，并可能因此有点儿不愉快。通过这种方式，你确认并强化了你的直觉。这一点在我们自己身上也是如此。如果你认为自己是个无趣的人，那么你的行为将与你感觉自己有趣、状态良好时大相径庭。在这种情况下，沟通不会进行得很顺利，关系也会受到影响。

帕洛阿尔托学派的创始人之一保罗·瓦兹拉维克（Paul Watzlawick）用以下术语定义了"世界观"：个人可以从无数的经验、信念、影响、解释及其赋予感知对象的价值和意义中，能实现的最复杂的综合。（感知对象包括构成环境的任何要素，无论是人类、物质还是自然的一部分。）世界观在一定程度上是有作用的，也是有限的，其取决于你的进步和适应环境的程度。它通过你的生活方式，尤其是你的沟通方式显现。

第 2 节
世界观的组成要素

■ ■ ■ ■

"不要只看外表，要看内在。"

—— 谚语

从你来到这个世界起，你就在建立你的世界观，形成独特的个人愿景。你显然认为你的世界观是正确的，但你很快就把它与现实混淆了。年复一年，你从你认识的人那里学到的一切知识，以及对你经历的一切的解释，都会丰富你的生活。那么，世界观是由什么组成的？

信念体系和概括

信念基于一个或多个有意义的经历产生，对个体来说具有未经证实的确定性，你非常依赖它们，因为它们是你形成个性的基础，是你的精神支柱。信念也是解释现实的过滤器（这里不讨论宗教，尽管它对你的行为、情感生活和生活态度有极大影响，并且你并不总能意识到这一点），它们是由社会文化环境借由家庭（含蓄地和明确地）塑造的，也来自你对自身感知和经历的事物的解释。

几乎 90% 的信念是无意识的，它们涉及三个方面：关于你、关于别人和关于日常生活。你不能没有它们，因为它们是你的身份的核心。那些与你有关的事情对你的生活影响最大，但别人在人际关系中也非常重要。你一直在加强它们，并通过解释你所经历的一切确认它们，为了保持内在的一致性，你必须每一刻（无意识地）都向自己证明你对现实的看法是真实的。例如，如果一个男人认为女人和男人之间不可能有友谊，他就会蔑视潜在的与女性之间的友谊，因为他认为这是不可能的，他只会有男性朋友，并且会对（他喜欢的）女性施展魅力。这一过程同样适用于建立信念 6。最重要的是要记住，"任何人类行为在很大程度上都取决于其概念或前提，因为它们支配着人类对情况、事件和关系的解释"。[7]

信念是一个非常复杂的系统，在大多情况下，它在每个人身上以图 1-3 所示的方式（无意识地）起作用。

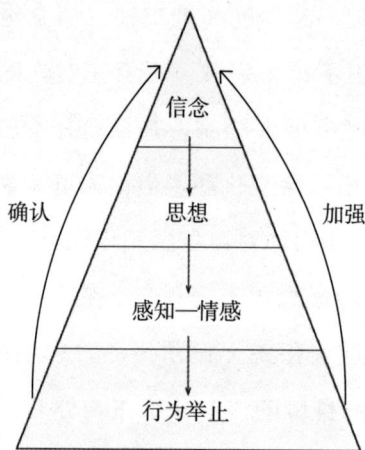

图 1-3　信念的作用方式

信念基于两种语言结构形成，因此可以用如下方式识别它们：

X 证明 Y	X 造成 Y
"他迟到了，所以他不喜欢我。"	"我没有去上学，因为我的老师教得不好。"

当然，思想的陷阱之一就是总相信这些确定性是正确的。正如雅克·普雷维尔（Jacques Prévert）在他的

《春季舞会》一书中所言："他遵循了自己的想法，这是他一贯使用的想法，他十分惊讶于没有取得进展。"

你对人际关系的信念

你可以花点儿时间思考以下问题。

- 建立良好关系的"要素"是什么？你最好从"我相信一段关系在……方面很重要"开始说起。
- 为什么？（对于每个要素，请你解释原因。）
- 什么会给一段关系带来不良影响？你用什么标准来判断一段关系是否有害？
- 你的回答表达了你的一些信念。

你的信念决定了你处理人际关系的方式。如果你认为你对一段关系负有一半的责任，你就会尽你所能，让它变得愉快和充实。

你的信念构成了可以影响你生活方方面面的价值体系。在不知不觉中，你一直想满足、实现你的价值观，因为这样你就可以和自己保持一致。如果你认为与他人的关系在生活中是最重要的，那么你就会有仁爱、无私、

慷慨、有同理心、善倾听、随和等价值观；如果你认为
精神生活是必不可少的，那么你就会有一些相应的价值
观，比如对知识的好奇心、学习的欲望、对信息的需求，
以及对感兴趣的话题进行交流的需求；如果你是素食主
义者，你会小心翼翼地遵守相应的饮食规则，这样你就
不会违反相应的价值观，并对饮食、健康和"正确"的
生活方式有一定理解。信念制约着为其服务的价值体系。
因此，如果你所珍视的价值观得不到满足，你就会感到
不安，因为你的信念受到了冲击。

你希望你的亲人能和你有相同的价值观，至少双方
在你认为最重要的价值观方面能达成一致。因此，相较
于和那些不赞同你的人进行讨论，以此培养你的批判性
思维，发现关于同一主题的其他观点，同时不贬低你的
价值观，你更喜欢与那些和你有相同想法的人交流。的
确，这令你更安心，但这并不会让你进步……

你的信念和价值观决定了你的期望、欲望和需求，
而有一点你并不总能意识到，并且常常感到混淆：期望
是一种欲望，不是一种需求。如果你的对话者没有达到
你的预期，如果你不明白为什么你会感到不舒服，如果
这种情况经常出现，那么这段关系可能会变得有害。在

这种情况下，你可能会使用咄咄逼人的态度和话语，如果你不对此做出解释，你的对话者会感到惊讶和不安；你也可能陷入一种沉重的沉默，但这时你的对话者也不会理解你，反之亦然。[8]

信念、价值观和期望决定着你的情感生活，而情感生活又会影响你的信念，这是一个围绕你的个性展开的循环。你无时无刻不带有情绪，它们首先铭刻在你的身体里。当它们中的一些进入你的意识时，你通常可以说出其名字，但事实并非那么简单，有时你会把你的"想法"和你的"感觉"弄混。这就是为什么在本书的附录部分我列出了一长串的情绪名称。无论是否有意识，都是你的情绪引导甚至制约你的思想（这与"感情有理智没法解释的部分"这句话相反），你的行为（言行、态度）是"情绪和理性"结合的结果。

另外，你有必要知道，每个世界观都对应着一张心理地图（某种思维方式、推理方式）和一张语言地图（你的个人词汇表）："我们心理世界中的词汇是我们个人经历的象征。"[9]当你使用每个人都有相同定义的词汇时，这并不明显。然而，"有内涵的"或"抽象"的词汇却恰恰相反，每个人对此都有自己的定义。你问十个人什么是幸福，你会得到十个不同的定义。这类词汇构成了你词汇体系的核心。因此，事实知识是指每个人都可以客观地观察到的、在当下的感知，比如，你在看你的书，周围的人都看到了同一本的书，这是一个客观的认知。除此之外，每个人对这本书的评论（关于其外观或内容）都只是推断。

意识和无意识的影响

这两个被经常使用的概念可能需要澄清。如果我告诉你，有意识的生命只是一个人的一小部分，与地球的大小相比，它可能只像一个针头那么大。你可能会惊讶地发现，任何你没有意识到的东西都是无意识的。每个人的无意识部分不仅包含他的所有过往（事件、情感等），还包含他能追溯到的所有祖先的历史。它有无限多的"数据"，而你很少有机会"访问"。这就是为什么你要先用你的意识部分（你所知道的）给自己制造困难和问题。

不理解无意识部分，是因为你被它们支配，它们"控制"了你的生活。如果无意识部分出现在你的梦中，你（或其他人）通常不能理解它们。无意识部分也可以通过你的身体表现出来，它们通常表现为心身疾病。一些说法很好地描述了这些疾病让人产生的感受，比如"我受够了""这让我头疼""我不能消化""这让我恶心""我很痒""我感到忧虑""我呆若木鸡"等，还包括健忘、失忆、失误或失败的行为（实际上这是有用的，因为它们传达了明确的信息）。这些疾病通常是你的无意识发出的"传真"，关键在于你如何破译它们。我记得一个患有银屑病的病人，他的病常在看望父母的时候发作。他没有意识到自己对父母的愤怒，但他的身体很好地表达了这一点，这是来自他无意识的一个信息，一旦开始思考这个信息并接受治疗，这个信息就消失了。

鲍里斯·西瑞尼克（Boris Cyrulnik）和许多其他科学家一样，通过神经科学证实了无意识的存在："脑科学的进步证实了弗洛伊德对无意识现实的推断。"这种证实要归功于三个分工精确的大脑区域。它们是边缘系统（情感和感觉在大脑中的位置）、感觉区（允许你的感官进行感知并处理感知）和大脑皮层（负责你在物体、语言和思想之间建立的联系）。这是心身化的一个很好的解释：中枢神经系统对语言的处理方式和对感觉的处理方式一样，责备会像挨打一样让人痛苦，但如果精神上没有特别意识到自己受了伤害，身体上的痛苦反而会出现，或者表现为出现真正的疾病症状，它是无意识的信使，传递着无意识中的经历。还有一种"身体无意识"的情况：无意识控制你做出自动动作，它不受任何思想的干扰。

意识到无意识之间的交流也很重要。这不仅是因为所谓的"共同无意识的家庭"。有时你刚想到了一个人，而他恰好给你发了短信，或者你问了一个问题，而你的伴侣说了一个你心里出现的答案，等等。这不是巧合。对此，我们可以讨论直觉，但这不是唯一的议题。我相信直觉是本能的声音，但这只是一种信念……我经常告诉我的来访者，房间里不只有我们两个人，事实上，房间里有"四个人"，因为我们的无意识一直在交流。有好几次，我"知道"一个来访者可能会对我说什么。同时，你也有一种集体无意识，它对其他社会成员的影响非常强烈，更不用说非语言沟通，即身体在交互中不受任何可能出现的意识的控制，不断表达自己，这是你的无意识在表达自己。

即使这个机制通过疼痛或疾病表现，它通常仍对你有好处：当你处在危险之中时，它会警告你，让你知道你有问题需要解决。只要没出现有效的解决方案，这些相应的信号和警报就会越来越强。这就是为什么我们不应该伤害自己的身体，而应该更多地倾听它的声音，即使我们可能生活在一种超越自我的文化中，生活在追求"完美"的身体里，但这其实不意味着什么。你的感觉，你的情绪，以及无意识在你体内发出的指示，都需要你仔细倾听。你会开始看到你的世界观如何影响你的沟通，从而影响你的人际关系。因为根据你的信念，你可以在自己不知情的情况下对一段关系产生不良影响："人类的每一个行为在很大程度上都取决于其概念或前提，因为它们支配着人类对情况、事件和关系的解释。"[10] 你的世界观是你观察你的内在世界和外在世界的棱镜，你的每一次注视都是对世界观的滋养、确认和加强。

想要相爱，我们必须相似吗

无论是朋友间还是恋人间，开始约会的基本原因通常是找到了彼此的共同点：你们"必须"相似，才能理解对方，并在良好的基础上建立一段关系。人们普遍认为"相似的人会聚集在一起"，而差异会造成问题。人们在新认识一个人时通常会允许自己撒一些小谎，以符合

对方的（假定的）想法和品位。正如艾琳·彭纳奇奥尼
（Irène Pennacchioni）所言，这不是所谓的虚伪，而是
"真诚的模拟器"，双方以此"真诚地"构建了双方想要
相信的现实。差异可能会带来距离，甚至分歧，在一个
我们意识不到的地方，一种恐惧潜伏着，那是对关系中
不愉快的体验的恐惧，即使是在友谊中，这种恐惧依旧
存在。如果上述关系持续下去，差异要在一段时间后才
会得到揭示，而这些差异只有在符合双方世界观的情况
下才会被接受。

　　你可能不知道，一开始你是在无意识的情况下选择
了你的朋友和生活伴侣（无意识地与对方进行了交流）。
你可能很难相信，你在无意识中设法找一个美丽的人，
但当关系破裂时，你往往再也看不到对方身上任何吸引
人的东西[11]。在恋爱关系中，似乎每个人都要付出很大
的努力来说服自己，使对方看起来像自己的理想型，并
满足自身（默认的）需求。梦想和现实必须在一段时间
内保持一致。你处理信息的能力由情感和期望驱动，很
少受理性驱动（它存在吗）。这就像一个孩子发现了一件
"宝物"，于是一块不起眼的鹅卵石变得珍贵了。至于感
知，它们受到如此多的扭曲，以至于我们无法谈论其客

观性。如果你怀着强烈的信念相信自己的"判断"，你最终会相信自己。爱因斯坦说："是理论决定了我们能观察到什么。"

而总有一天，真相会变得显而易见。关系中的双方都会看到真实的对方，彼此要么成为真正的朋友或生活伴侣，要么失望地分手，认为自己被"欺骗了"。面对现实可能会让人快乐，也可能会让人不快乐。我很惊讶有很多夫妇决定接受治疗，而我从来没有看过有人接受"友谊治疗"。然而，友谊破裂是非常让人痛苦的。为了让你们振作，我可以告诉你，我认识一些结婚几十年的夫妇，他们一直像第一次见面时那样充满爱意地看着对方。他们的秘诀是"不去创造一个不存在的现实"，因此他们不太会失望。不久前，我听到一个丈夫对他的妻子说："保持原样，我的妻子，最重要的是不要改变任何事情。"哪怕他们刚刚就一个没法达成一致的话题进行了一次气氛紧张的讨论。

一个人和与他相处的人的世界观是相互联系、相互作用的。正是通过它们，我们才能理解和应对我们所处的环境，才能激励自己，赋予自身生活的意义。然而，正如翁贝托·埃科（Umberto Eco）在《玫瑰的名字》[12]

中所说的："我们之所以读地图，是因为我们相信我们读的是世界秩序。但是地图不是领土，它只是我们在头脑中对领土的建构，我们不能保证这张地图是完全准确的。"这种世界观的概念必然导致建立人际关系时出现问题，它们是任何年龄段的人生活的一部分，它们源自你与自己、与他人的关系。很多时候，你会感觉同样的故事在不断重复，就像走入了死胡同或正在面对一堵高墙。这会让你产生一系列非常痛苦的情绪，有时甚至会使你生病或变得抑郁。你会由此意识到，没有一个家庭是完美的，没有一段友谊或爱情是完美的。关于工作，我无法想象有人会对它怀有理想化的构想，尽管职业发展是一个"真实的"现实。

第 2 章

沟通激活了人际关系

"建立人际关系的万能钥匙并不存在，正确的沟通才是万无一失的关键。"

——艾哈·阿拉维（Aïha El Alaoui）

场景设定是这样的：从童年开始，在与他人相遇之后，一段关系就开始了；或者更确切地说，是对话者赋予关系生命。为什么会这样？因为他们在交流。

第 1 节
没有沟通，关系就不可能存在

■ ■ ■ ■

如果不以某种方式交流，一段关系就无法得到建立，即使是和动物的关系。人们在因人际关系问题来向治疗师进行咨询时，通常会说"我们之间无法沟通""我们不能再交谈下去了"。治疗师要问的第一个问题显而易见："你心里真正想说却又没说出口的是什么？"这个问题会引起一阵沉默，因为它会暂时破坏关系的稳定性。事实上，在所有领域中，难以维系关系是除严重疾病、死亡和极端不稳定的物质状况（例如流亡或长期失业）之外最让人痛苦的情况。此外，其实你总是被要求以某种方式进行沟通，包括如何进行简单的问候，表达想法和情绪，倾听对方的意见，提出或接受要求及批评，处理误解与冲突，选择说"是"或"否"，表达赞美与感谢，开始或结束一段谈话，等等。

沟通良好时

良好沟通的效果很容易定义：人们在一起时感觉很好并且能相互理解。处于这一状态的人接收到的信息对应无意识的感知、解释和期望，每个人都对自己和他人感到放心。交谈时，倾听者会给出很好的反馈，而且其反馈不至于让人感到意外。这意味着他们了解彼此（就像他们了解自己一样），这样他们就可以更好地处理分歧——他们接受分歧，因为他们尊重彼此。他们在没有评判、批评或指责的情况下坚持自己的立场，在不将自己的想法强加于他人的情况下相互支持。他们有足够的信心让这段关系自发地维持下去。他们喜欢在一起，喜欢时而交流、时而沉默的状态。他们的交流是顺畅的，不带有任何目的，没有"加害者"或"受害者"——良好的关系绝不是一种权力游戏，关系中的人们的沟通往往是顺畅的，因为他们不必证明什么（比如证明"他是对的"	"他说的更有道理"等)。

他们可能读过马歇尔·B. 卢森堡(Marshall B. Rosenberg)[1]关于非暴力沟通的著作,并在其中学到了良好沟通的原则;他们也可能天生聪明,擅长进行良好的沟通、维持良好的人际关系。他们会使用清晰明确的语言,并不断确认自己对他人语言的理解是否正确,他们知道如何在交流中注入正确的情感。他们在坚持自己内心想法的情况下,尊重他人的立场。他们知道他人感受到的现实与自己感受到的不同,有相似之处也有不同之处。与人们的普遍认知不同,差异可以帮助他们在平静中发展、丰富和拓宽世界观。良好的沟通可以让人远离孤独感——即使不是有意为之,良好的沟通也可以让这种诉求得到满足。

即使是独自一人,你也在与自己就某方面问题进行交流,或者在想象的对话中与他人交流。即使是在孤身一人的荒岛上,也没有人能逃避交流,因为你将是自己的第一个对话者。你的沟通技巧会被不断激活,这些技巧或多或少会让你感到舒适,舒适程度取决于它们是否适合你,是否适合当时的情境(无论对你自己来说,还是对你的对话者来说)。

无法好好相处时，谁是"加害者"，谁是"受害者"

有些时候，你似乎诸事不顺：当你起床时，你感到身体状况不佳；夜间的不安、醉酒的夜晚、太多要去解决的问题……坏心情会降临到每个人身上，并且阻碍良好的沟通。愤怒、沮丧及时不时出现的悲伤、焦虑，这些情绪都太普遍了，以至于你无法与他人分享。情况似乎还在变得更糟，因为你没有花时间一个人待一会儿，放松一下，冥想几分钟，听一些柔和的音乐。你仍一阵阵地感受到压力（这种压力甚至会越来越大）并感到恼火，甚至让你的伴侣也感受到压力、给自己的人际关系带来了一些负面影响。几乎无法避免的是，你会觉得自己是（生活的、自身烦恼等的）"受害者"，并把自己放在"较低"的位置进行抱怨，或者将自己放在"较高"的位置，以一种"加害者"的立场，把自己烦躁的情绪传递给另一个人。

有些时候，你会经历一段让你感觉不满意的关系。这段人际关系不符合你的期望，于是你可能会把责任推给另一方，这样你心里会更舒服，但这样做一定是正确的吗？你没必要怀有过度的期待，因为对方不曾拥有某物，所以他无法给予你。太多夫妻因不明白这个道理而受苦。当这些情况反复出现时，你可能会不由得问道："如果这些问题是我造成的又会怎样呢？"这可能会让你从另一个角度对这段人际关系中的对话者进行评价。在家庭中、生活中、工作中、与朋友或伴侣相处的过程中，你不可能不承担你的责任。至于"谁是一段不良关系的开启者"，这并不是主要的问题，那么什么才是主要的？是在人际关系中双方不断进行的互动，你需要重拾自己或许推卸过的责任。

在大多数情况下，同样的原因会造成同样的结果：在我们一起讨论这个问题之前，关系中的双方都应该从自己的角度来考虑这个问题，因为这是双方应共同承担的责任，涉及对双方沟通方式的改变。了解某些人比了解其他人更容易，沟通效果取决于这些相同困难的出现频率、重复程度、性质和遇到困难的人。

幸运的是，如果每个人都承认自己的错误和笨拙，问题就可以被解决。你将学会更好地了解自我，更好地理解自己和他人。

你认为父母为什么会抱怨孩子不听他们的话，孩子却因父母不理解他们而感到懊恼，并且即便如此，他们中仍然很少有人（父母和孩子）愿意进行交谈？因为在任何情况下，诉苦者都会把自己描述成"受害者"，任何年龄段的人皆如此。从来没有人愿意承认自己在一段关系中应负有某些责任。然而，正如马歇尔·B. 卢森堡所说："语言要么是窗户，要么是墙。"[2]

第 2 节
良好的沟通保证了良好的人际关系

■　■　■　■

《小罗伯特词典》（2014 年版）中提到，"沟通"一词意味着"传播、分享、传递、联系、表达、交谈"。"与他人建立关系也意味着有能力倾听他人的个人感受。你可以倾听他人的信念、愿望和期望，让他分享自己的生活方式和感受。"[3] 当你与他人进行交流时，你就进入了一段相互影响的关系。

事实上，《小罗伯特词典》进一步明确了"沟通"一词的定义，沟通是"人与人之间相互影响的纽带"，一切尽在不言中。这种相互影响不可避免地涉及我上文中提及的共同责任：每一方（你、我或另一方）都要对一段良好或不良的人际关系负责。

系统论者（帕洛阿尔托学派的研究人员、社会学家、精神病医生和心理学家，他们在控制论的基础上得出很多关于沟通的知识）可能会这样描述这种相互依赖：A和B是一段关系的两个主角，在整个沟通过程中，A（信息发送者）影响B（信息接收者），而B又通过自身对信息的反应影响A。这是一个非线性的循环沟通模式，因为人际关系中的影响是相互的。这就引出了另一个基本原则：一个人无法不受影响。你问我附近最好的餐厅是哪家，而我的回答会影响你的判断。你可能也会发现，这并不是无关紧要的：作为A，可能你无意中的一个表达或一个词会被B解释为一种你意想不到的情感，他的直接反应在这种情绪的指导下（被清楚或不清楚地表达，但并非用语言）反过来又会在你的内心激起一种感觉，让你以某种方式做出回应。这是一种反馈，它在交流互动的整个过程中都是恒定的。接收者的反应（无论口头的还是非口头的）就像发送者所说（或所做）内容的回旋镖。事实上，发送者只能从这个反应中推测自己说了什么。

因为"任何影响都可追溯其原因"，所以，谈话中一

方的反应会告诉另一方如何与他沟通。如果能考虑到这
一点，你将会是一个优秀的沟通者，并且你会知道如何
与每个人建立良好、愉快和充实的关系。

第 3 章

两种沟通方式

我们通过两种方式进行沟通：语言（话语）和非语言（肢体语言）。

第 1 节
语言沟通

■　■　■　■

"如果不被理解，世界上最美好的话语也是无用的声音。"

——阿纳托尔·法朗士

我将从一个令人悲伤的事实开始谈起：对不同的人来说，同一个词并不总是具有相同的含义，使用同一个词并不能简化沟通。

具体词汇和抽象词汇

我之前提到，"相同定义"这个词，意思是对每个人来说都是一样的。如果我说想买一条裤子，售货员会知道我在说什么。而在说明我喜欢什么时情况会更复杂，这时我的描述容易带有主观性。

至于抽象词汇（有内涵的词），它们的意思并不是普遍的，而是每个人根据其现实所赋予的。我记得一对夫妇在地铁里谈论一个年轻女孩。妻子说："她很漂亮，我觉得她身材很好。"丈夫说："一点儿也不，她很胖！"妻子坚持说："不，她不胖！""是的，我觉得她很胖！"（原文是法语单词 grosse，有粗大的意思，也有胖的意思。这里指男女对身材胖瘦的看法不一样。）即使你和对方用同一个词，也不一定代表你们有相同的意思，这很快就会导致双方产生不理解对方的感觉，有时会无意中伤害对方或引起分歧。

因此，这些词不一定涵盖同样的现实，更不用说我们的一些感知（视觉和听觉、味觉和触觉）的扭曲和改变，比如图 3-1 展现的就是一个可以探讨的话题。如果你相信这些图像是因为视觉错觉而呈现不同效果，那么请记住，你对世界的看法往往也是如此。

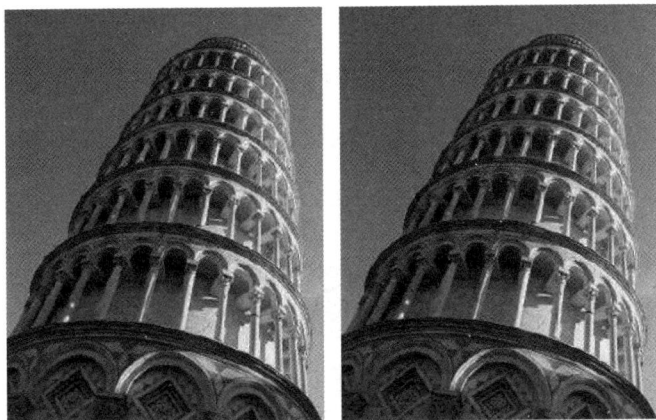

图 3-1　一座塔的两张照片，但右边的塔看起来更倾斜

对于阿尔弗雷德·科日布斯基（Alfred Korzybski）来说（其在很大程度上受到自然语言处理的启发），客观现实（一座塔的两张照片）和主观现实（不是每个人都同意图 3-2 中左右两图中心的圆大小相同，必须在测量后才会同意）之间存在差异。几千年来，西方社会一直采用二元思维（一切非黑即白），这种思维源自哲学家亚里士多德，他认为任何不真实的东西都是虚假的，反之亦然。这是错误的，最重要的是，这是非常有局限性的思维方式，是西方"集体无意识"①的一部分。然而，一

---

① 由卡尔·荣格提出，是指大脑中保存"祖先记忆"或全人类共有经验的部分。——编者注

个不友善的人（在某一情况下，在某个时候）并不一定
是邪恶的……因此，我们在理解自己和理解另一个触发
"加害者 / 受害者"模式的人方面遇到了许多困难。

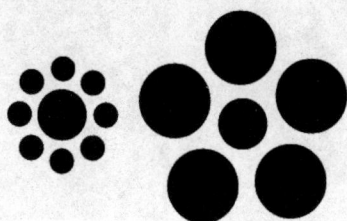

图 3-2   中心的圆大小相同

克劳德（Claude）和弗朗索瓦（François）讨论了情感
联系对平衡生活的重要性。对克劳德来说，这些联系是必
不可少、令人安心、不可或缺的，因为它们通过令人愉快
的情感将人们团结在一起，若没有这些情感，生活就没有
味道。他的话并非没有感情的。对弗朗索瓦来说，这些纽
带代表枷锁，让他觉得自己被束缚在别人身上，受到太多
的约束，他说话时情绪很激烈。克劳德不知道"情感联系"
一词对弗朗索瓦意味着什么，但他不得不承认，他的谈话
对象在谈论这个话题时非常尖锐，几乎是愤怒的，而克劳
德觉得这个话题很有趣。他不明白为什么会这样，他认为
像弗朗索瓦那样进行谈话是不可理喻的。他们都拒绝承认

自己和其他人不同，都认为自己是对的。

以"恐惧"一词为例，它的含义对于一个经历过轰炸的人和一个喜欢蹦极的人来说是不同的，后者为了放大自己的乐趣而调整了它的强度。"快乐"是另一个非常深奥的词，所有的抽象词汇都是这样。与那些定义价值观的人一样，请记住："价值冲突"是最常见的（如上例所示）。克劳德的观点涉及情感生活的重要性，而自由对弗朗索瓦来说显然是重要的价值观。诸如幸福和不幸、对与错、善与恶、正义与不公等概念都是隐含的词汇。

情绪反应

当一个符号唤起你和你的对话者同样的情绪时，你们会互相理解并且相信自己。（例如，一个地方的习俗对另一个地方的人来说，可能是没有什么特殊意义的行为。）这种理解只有在你们都赋予某个符号相同意义并对其有相同情感反应的情况下，才有可能出现。这是一种语义反应，是某种情况下人们的情感反应。事实上，一个符号所代表的象征意义可能是非常强烈的。

语义反应可能会在一段关系中引发许多问题，如果对话者彼此不够了解，这甚至会给一段关系带来不良影响。如果你和一个经历过流亡（或其亲属经历过流亡）并深受其苦的人谈论流亡，并且你不知道他曾深受其苦，他会立即把这个词与谈话时它所代表的东西混淆（这个词让他们充满痛苦），并感到非常糟糕。

我最近听到一对朋友在谈论一个严肃的话题：移民。其中一人哀叹他们在被迫流亡和一次非常危险的迁移之后所处的困顿生活环境。他的祖父母被迫流亡，这解释了他对这个话题产生的同理心的理由——他认为自己与此直接相关。另一个人则愤怒地谈论这些移民过来的人给那些住在营地附近的人带来的问题和不便。两种世界观基于代表同一现实的单一词汇相互产生冲突，但参与讨论的二者都从非常不同的个人角度出发来看待这个问题。因为他们珍视彼此的友谊，所以他们解释了各自有上述言论的原因，并决定不再谈论这件事。对每个人来说，这都是一种语义反应。因此，一段关系可能会被某些词汇的"情感回声"干扰。这就是为什么对话者在谈话过程中会因对方的不理解而产生"受害者"的感觉，并将对方视为"加害者"。如果没有这种语义反应，那么广告商及政治家等的巨大影响力从何而来？他们的目的是说服别人，调动情绪有助于达到说服的目的。

　　一些语言学家将这些与强烈的情绪或情感影响相关的"反射反应"称为话语的"情感光环"。这就是为什么区分情感和信息如此重要。这种混淆也存在于过去和现在之间：你对某些词的反应受你很久以前的经历影响。这些词变成了一个情感触发器（就像普鲁斯特笔下的玛德莱娜蛋糕一样），但其实今天的情况与过去完全不同。连贯的理性思维似乎消失了，"沟通似乎变得不可能了"。

你的沟通信念

你可以用以下方法反思自己的沟通信念。

- 记录三个（或更多）可能妨碍沟通的因素。用具体例子解释原因。
- 你认为有人比其他人更善于沟通吗？为什么？
- 你觉得自己的沟通技巧如何？你的家人对此有怎样的看法？

你的回答表达了你对沟通这个话题持有的观念。

两人或多人练习：在城市中确定自己的位置

图 3-3 是两张相同的图。图 3-3A 指示了各种建筑物

的位置，图 3-3B 只呈现街道布局。持有图 3-3B 的人必须按照持有图 3-3A 的人的说明在图上标出建筑物的名称，并且保持图中的方向可以自由调整。这样做，你就会发现解释和理解都不容易实现（见图 3-3）。

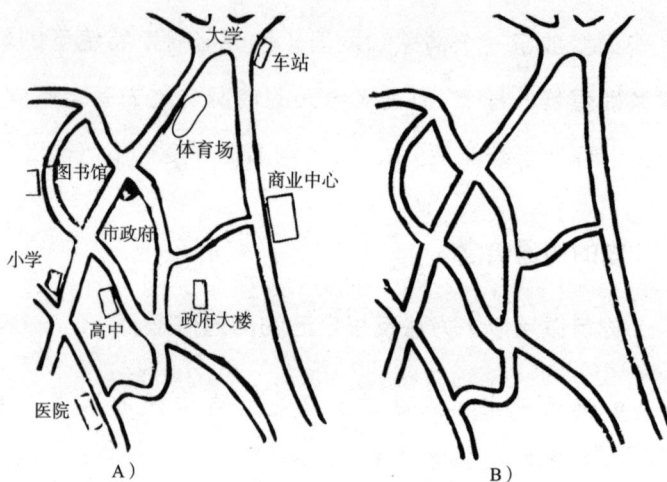

图 3-3 在城市中确定自己的位置

信息传播的艰难

信息在从发送者一端传递至接收者一端的过程中，是如何形成和变化的？它经过了好几次翻译。

● **第一次翻译：你想表达的和你心里想的并不完**

全一致。你对某事物的认识、感觉和看法与它本身存在差距（信息处理过程中"感知"与"现实"存在偏差），你所表达的只是你的一种解释。

- 第二次翻译：你所说的（对信息进行编码）与你真正想表达的不完全一致。你很难找到合适的词来分享你的经历，专业译者和诗人对此深有体会……每一条信息在你的神经系统中都要经历一个漫长的旅程。

- 第三次翻译：接收者听到的并不是你想让他理解的。接收者使用自己的解码器理解消息，然后尽可能准确地解释消息（也可能存在偏差）。

如果再加上可能出现的外部干扰（噪声或谈话时因有人插嘴而被打断等）和内部干扰（同时产生多种想法，并在脑海中对已经说过、正在说和将要说的内容进行评判，以及产生饥饿、痛苦等各种感觉），你可能不得不承认这可怜的信息并没有得到正确处理，以至于它几乎不可能被正确理解。信息的编码和解码受世界观的影响——它由心理地图和语言地图构成。由于任何消息都严格经过上述过程，因此信息的发送者和接收者之间不可能存在完全（100%）的理解。谈话内容明显受到信息失真和信息流失的双重影响。如果误解造成了会使一段关系发生重大变化的怨恨，并且谈话者通常不注意他们的表达是否得到正确的理解、他们自己是否正确理解了他人想表达的意思，那么这种关系就会逐渐变得有害。在这种情况下，就会出现所谓的"受害者"（"你不理解我"），与之对应的"加害者"（"你并没有清楚地表达自己的意思"）也随之出现……

不同的消息寄存器

　　一条消息可以存在于多个寄存器中（有时一句话中存在多个寄存器）。

- 事实：你说的是一个事实、一个事件。
- 情感：你说的是一种情绪（你或其他人的情绪），一种与特定主题（过去、目前和今后的）或经历相关的感觉。
- 逻辑：你在头脑中将信息理性化、智能化，并对其进行推理，你表达的是想法。
- 记忆：你唤起了记忆。一个想法或经历可以重

新点燃、更新记忆（这与现实并不完全一致，
因为记忆是有选择性的，无论你是谁），并影响
你此时此刻的交流方式。

- 道德：你根据自己的信念和价值观做出判断和
  评估。

例如，以下是一对母女之间的交流，其中女儿的情
感寄存器与妈妈的逻辑和道德寄存器形成对比。

女儿："妈妈，这太糟糕了！我再也受不了我的历史
老师了！"（情感寄存器）

母亲："你在这和我胡乱抱怨什么呢？我知道他是一
位很好的老师，你姐姐两年前就上过他的课并对这位老
师非常满意。"（逻辑和道德寄存器）

女儿："也许吧，但他不喜欢我。我太害怕他了，以
至于我把所有的作业都写得一团糟。"（情感寄存器）

母亲："你没有理由害怕他。如果你能学得更好，你
的问题就会迎刃而解。"（逻辑和道德寄存器）

女儿："妈妈，你不明白……这很难解释。但我向你
保证，他对我不公平，我再也不敢去上他的课了……"
（情感寄存器）

母亲："这是怎么回事？你是为你自己学习，这才是

最重要的！"（*道德寄存器*）

女儿："妈妈，在上次的班级会议上，他彻底把我击垮了！我想换个学校……"（*情感寄存器*）

母亲："一年换一所学校！你在做梦！你只要好好完成作业，他就不会再批评你了。"（*逻辑寄存器*）

这段对话中，母亲和孩子交流时不在同一个寄存器中，也不理解彼此。

下面举一个非常典型的案例，我们可以视其为"这是为了你好"的典范。

小莉丝今年 10 岁了。在暑假期间，她的父母决定和她的两个哥哥一起去意大利旅行。至于她，他们通过一个组织把她送到英国的一个家庭去学习英语，因为她将在 9 月升入六年级。

在英国暂住期间，莉丝感到很无聊。到了 8 月底，家庭成员又团聚了。她的父亲、母亲和两个哥哥都很健谈，很快乐。他们讲述了一连串趣事，眼睛在阳光下炯炯有神，故事一个比一个精彩和令人愉快。莉丝的眼里充满难以抑制的泪水，她低声对他们说："你们真幸运！我实在是太无聊了！我的经历很糟糕：上课、做家庭作业、完成家庭探访！幸运的是，我至少有猫和狗……你们为什么不带我一起去旅行？这是不公平的！"她的父亲惊讶而理智地回答：
"可是亲爱的，这是为了你好！新学年你将过得很顺利，你
会领先于其他人！"

　　小女孩在情感寄存器中，而她的父亲在逻辑寄存器中。
他们说的不是同一种"语言"，因此他们不理解对方。小女
孩感到很伤心。

　　当对话双方没有在相同的寄存器中表达自己时，他
们都会经历这种分歧，并产生一种不理解对方的感觉。
这一对话过程发生得非常迅速，过程中双方的语气可能
很快就会变得激烈。一些夫妻在对话时也是如此，两
个寄存器、两种逻辑发生了冲突，比如下面例子中的 A
和 B。

　　A："如果你爱我，你会更在意我对你说的话。"

　　B："可是你知道我是爱你的！"

　　A："你嘴上说着爱我，但你没有把我的生日和我们
的约会时间记录在你的日程表上！"

　　B："但这是我的工作日程表！"

　　A："也就是说，工作日程比我重要，所以你把它们
记下来了！"

　　B："我忘了和你的约会吗？还是忘了你的生日？"

A："没有，但那是因为我每次都提醒你。否则你会忘记的，我敢肯定！"

他们或许会有如下对话。

A："如果你爱我，你就应该换一份工作。"

B："但这两者之间没有任何联系！"

A："有联系！你知道我喜欢旅行，喜欢去餐馆，但因为你赚的钱不够多，我们什么都做不了！"

又或许会有如下对话。

A："如果你真的爱我，你会很乐意每天和我一起吃午餐。"

B："这不是爱不爱的问题！我经常有应酬安排在午餐期间，我必须去。"

A："你看，你不爱我！"

B："这是我的工作，你为什么不明白？"

在这些生活中可能经常听到的、令双方都感到不安的对话中，情感寄存器和逻辑寄存器都面临挑战。每个人都在发表自己的观点，但他们的观点相互矛盾，因为他们的出发点不同。每个人都觉得自己是"受害者"，但实际上，他们也会成为"加害者"，这很常见。

第 2 节
非语言沟通

■　■　■　■

"眼睛不会说谎，它是内心思想的忠实译者。"

——拉尔夫·W.爱默生（Ralph W. Emerson）

　　我想提醒大家，语言在沟通中只占很小的一部分（10%~20%），还存在另一种沟通方式——非语言（包括语气、语调、节奏、沉默）。它比语言更有说服力，是沟通的基础，隐含着大量的信息，可能你没有完全意识到这一点，更没有意识到自己发送了大量信息。其实你从不沉默，你不能不沟通。你的身体通过手势、姿势和动作（身体动作与面部动作，甚至是非常微小的动作）进行表达，这些都是无意识的反应，所传达的信息常常比语言多得多。非语言是无意识的直接沟通，它从不对你的感觉或想法撒谎。

我建议你做一个小实验：站在镜子前，用不同的音调、手势和面部表情对自己说"见到你很高兴"。你将通过这种实验，发现一些流行的说法正以身体语言的形式被很好地展示："他吞下了一把扫帚""他站得像个乞丐""他看起来像一只向后退的刺猬""他像水母一样软"等。哑剧表演通常很受欢迎，因为它会激起很多情绪……

非语言沟通由什么组成

自我介绍

这涉及服装、外表、装饰元素（珠宝、化妆品、配饰）。你就自己的生活方式、个人品位（除非你出于职业原因被迫以某种方式着装）、职业归属等方面提供了很多的信息，这些信息有时会被误解。与外表相关的刻板印象非常多，有时人们会因此产生非常严厉和不合理的判断。哪怕实际上你摆脱了一些所谓的社会准则，外表也能说明你某些方面的情况。与外表相关的因素会影响其他人对你的态度，因为这些因素是被解释过的。

你与对话者之间的距离 [1]

这类"隐藏的维度"具有丰富的含义，每个人都有心理上的"舒适泡沫"，即安全距离。看看正在争论的两个人，有时，如果一个人上前，另一个人就会后退……几乎没有人能容忍这种"边界"被跨越。由于没有意识到或几乎没有意识到自己缺乏安全感，我们有时甚至会变得咄咄逼人。这就解释了那些被挤在地铁、公共汽车里的人或与许多人共同住在一个小空间里的人，为什么"脾气不好"。"安全距离"因文化而异。观察一个来自文化开放地区的人和一个来自文化保守地区的人交谈是很有趣的：当来自文化开放地区的人试图接近他的对话者时，另一个人却在不断后退……这种心理上保护自我的"泡沫"是非语言沟通的一部分，程度因个人和环境而异，也取决于你与对话者的关系类型（亲密、友好、恋爱、工作等），以及对话者的性别、社会地位。

时间

对时间的使用和感知也能体现你的个性，具体包括是否守时、对沟通时间的选择、收到呼叫和进行回复之间的时间间隔、"内部时钟"等。有些人经常提前赴约，有些人则会迟到，还有些人会在收到邮件几天后才回复邮件。这些行为并不容易理解，至少在关系建立初期是这样的，解释并不总是正确的。我认识一位女性，她不会马上回复她收到的电子邮件、短信或语音信息，即使发送者是她深爱的人。她的朋友知道她的这一习惯，因此不会介意，但如果是其他不知道的人，就会对此产生不好的感受。

身体运动

你的手势、态度、行为、面部表情和肢体动作都反映了你的情绪。皮肤颜色的变化（微微泛红、猛地涨红、出现红斑、变得苍白等），瞳孔、心率（通过颈部可观察到）和呼吸的变化，皮肤出汗或干燥，嘴唇收缩或舒展，等等，是完全无法控制的指标（观察它们需要一定的训练[2]）。只有当你熟悉对方时，你才能理解这些指标。身体运动受社会文化和家庭规则的约束。正如人们从中感

受到的，它们决定了问候、吃饭、道别、礼貌、视情况
而定的态度等仪式。如果你不知道对方的"密码"，你在
理解时可能会做出错误的解释，并犯下错误。

不同的时代、不同的环境，吸引他人的技巧也各不
相同。我提醒你，不要对某些手势和姿势进行自以为科
学的解释。每个人都是独一无二的，他的家庭和文化系
统化地编排了他的许多行为，更不用说他个人丰富其行
为系统的方式与其他人也是不同的。最重要的是，以某
种方式交叉双臂或双腿不应被解释为一种性格特征或情
感的普遍表达。研究肢体语言同步学的专家认为自己能
以一种看似非常科学的方式解码每一个手势、每一个动
作，就仿佛每个家庭、每种文化及每个人都是一样的，
就好像只有一种表达情感的方式。这些都是错误的概括。

副语言

声音的抑扬，音调变化，嗓音的不同，语量和语速
的变化，某些单词的重音、停顿和清晰度，等等，都是副
语言的组成要素。记住，打电话时的微笑是"可以被听
出来的"……这些是非语言信息，你也不知道如何解释。
你有没有因为情绪激动而失声过？我有过这样的经历。

沉默

矛盾的是，沉默非常"健谈"。有时它的存在让人感觉很糟糕，被认为是令人不安的；在某些时候，它带来的暴力可能是显而易见的；或者相反，沉默是两个人完全理解彼此的标志，在那个时候，他们彼此不需要语言来交流。没有偶然的沉默，但并非所有沉默都是容易解释的，它们有不同的性质：有些是积极的，有些则不是。沉默想传达的意思可能包括"我很生气""我在思考你对我说的话""我很无聊""我不想说话""我没什么好说的""我不能告诉你我在想什么""我不明白你刚才说的话""我尊重你的沉默""我在和你赌气""我不想再说话了，但我不敢和你说""我不明白""我受够你了""和你在一起的感觉好极了"等。结合语境（任何交流的基本要素）、面部表情、距离和身体姿态，沉默将更容易被解读。静静地欣赏美丽的风景或听音乐时的沉默，与表达强烈情感（愤怒、悲伤、失望）时的沉默不同。维克多·雨果（Victor Hugo）写道："太空是海洋，宇宙是岛屿。岛屿之间需要沟通，而这些沟通是通过灵魂进行的。"

触觉

这是最悠久、有力的沟通形式，它从人一出生就开始了。毫无疑问，这可能是一个人在进入星空之前传达的最后一条信息。触觉有两种表现方式，即眼神接触和触摸。眼神接触非常有表现力，因为它是除电话里的声音之外，两个人之间的第一种"关联"。你经常听到这样的话："当我和你说话时，看着我！"这就解释了通过眼神接触来感受存在的必要性。触摸通常是由社会文化和家庭规则规定的，它以一种更个人化的方式让人们保持"舒适的距离"。这两种方式都非常强大，是刚出生的孩子伴随气味和声音最开始掌握的。

躯体化（精神经验及状态变为躯体症状）

身体通过疼痛或疾病来表达情感，但遭受痛苦的人并不总是知道其意义。这是一种语言，许多表达方式都很好地描述了它："这让我肝疼（我对此非常恼火）""它让我牙疼（这让我冒火）""它让我觉得痒（我要忍不住了）""我血气上涌（我火冒三丈）""我背上的担子太重了（我受够了）""这让我头疼（这让我失去理智）""我的腿快断了（我累了）""我在分泌胆汁（我感到忧虑）""这事如鲠在喉（这让我犹豫着说不出口）""我喘不过气来（我非常害怕）"等。

非语言是一种真正的沟通方式，它通过一组非常丰富、有意义的信号，以一种无意识的方式发出，由对话者感知和解释（部分是无意识的）。对话者可能会注意到这点，也可能不会。

非语言沟通是如何运作的

非语言沟通以两种方式运作。

- 它可以证实、加强和补充沟通双方说的话。这叫作协调（或一致性），即语言和非语言达成协议。对话者"知道"自己被告知了实话。
- 它可以推翻或反驳沟通双方说的话，这是不一致性。对话者不明白自己为什么会感到不舒服。

虽然有时人们说出的话可能是谎言，但身体从不说谎，因为它通常是无法控制的。因此，沟通在两个层面进行，其中一个是有意识的，另一个是无意识的。我们知道非语言沟通不仅说真话，而且能被对话者无意识理解，因为它表达的内容所承载的意义比人们说的话中的意义多得多。个人的"身体方言"本身就是一种话语，对它的解释因世界观不同而异。

格雷戈里·贝特森（Gregory Bateson）认为："有必要强调的是，几乎所有沟通都具有无意识的性质。我们几乎不知道我们制造信息的过程，也不知道我们理解和回应他人信息的过程。"[3]

在结束本章内容前，我总结了以下值得回顾的重要观点。

- 你不能不沟通。
- 你不可能不影响他人。
- 沟通的情境没有所谓的开始和结束，它是一个循环的过程，是连续的。一个人可以选择一个沟通序列，并随意决定它的开始和结束，但这只是人为的划分。让我们举一个例子：我们是否应该认为一个班的学生缺乏学习动力，或者老师没有引起他们对学习的兴趣？对这一问题的讨论结果通常有两个，一个是支持学生，另一个是为老师辩护。事实上，这样讨论是不合理的，因为它只能从反馈的角度进行分析，而一方的行为会影响另一方的行为。这就是在辩论中发生的事情。

- 你并不知道自己的口头表达传达了什么，更不用说理解对话者赋予你的信息何种意义了。

- 你无法意识到自己在进行非语言沟通时向对方传递的所有信息。

- 你无法全然理解沟通时对方传递给你的所有信息，也无法全然理解你传递给对方的所有信息。

第 4 章

沟通不畅如何危害
人际关系

"一种可怕的失常使人们相信，语言的诞生是为了促进他们之间的关系。"

——米歇尔·莱里斯（Michel Leiris）

有很多因素会对一段关系产生不良影响。一般来说，主要有三个：一是你的对话者的行为对关系有害，二是你或你的对话者感觉压力很大，三是你或你的对话者不能很好地进行沟通。这些情况都很常见，本章，我们介绍前两种情况。

第 1 节
你的对话者的行为对关系有害

■　■　■　■

如何定义不良人际关系

□ 你没勇气做出自然和自发的行为。

□ 你感到压力很大。

□ 你害怕对方的反应。

□ 你不敢表达不同的意见。

□ 你不敢表达自己的情绪。

□ 你怀疑对方对你的看法。

□ 你不理解对方的一些态度。

□ 你在情感上缺乏安全感（即使是和亲近的人在
　　一起）。

□ 你感到困惑并且无法用语言来描述这种模糊的
　　精神状态。

□ 你会封闭自我，有时甚至一言不发。

□ 你无法再从对方身上得到愉悦感或乐趣。

□ 有时你会感到无助，因为你觉得自己被误解了。

□ 你越来越不愿意和那个人面对面交谈。

简而言之，你会感到不舒服，之后当你回想这些时，你会说你当时"应该"或"可能"说不同的话，做不同的事情，你对这种关系提出质疑。有时你甚至会在没有明确理由的情况下推迟约会或拒绝邀请，你觉得你是自由的，可以这样做。你只知道你和那个人在一起时会感到不舒服。无论这种关系如何，关系中的一些情况变得非常糟糕，甚至让你无法忍受。你的谈话对象的行为是有害的（但不一定是变态的、自恋的等），你的耐心，你的同理心，你的宽容和你对他的仁慈受到了严峻考验，每次和他见面都很消耗你的能量，这是痛苦的主要表现。

远离操纵者

你很难和一个想操纵你的人保持良好沟通。他说话不够条理，有时甚至是混乱的，他语言和非语言之间存在不一致（你会直观地感觉或观察到），这些都阻碍你掌握正确的"钥匙"来理解沟通并做出反应，直到你开始怀疑你的感知、感觉和情感。情绪很少欺骗你，某种情绪是不可能出错的。相信自己，记住，除非一个人想要改变，并为此采取具体的手段（仅仅说"我要改变，相信我"是不够的），否则没有人会改变。

当然，情境是一个必须考虑的关键因素（我之所以一直强调情境，是因为它影响了沟通中的许多元素）。如果一个朋友刚刚经历了一场丧事，你就会理解她此刻为什么会有那样的心情；如果一个同事在工作中遇到一些困难，你就不会对他的情绪波动感到惊讶，等等。在众多情况中，上述情况几乎是每个人都有可能经历的，甚至度过一个糟糕的夜晚就足以证明情景的重要性。因此，很重要的一点是迅速发现那些能证明你的怀疑和你情绪不稳定、不适的信号，否则，你会觉得自己太脆弱，不知道该怎么做。尽管有时一段关系的有害性是显而易见的，但有时它也会以一种带有潜在危害性的方式表现出来，发现、了解它需要时间。通常情况下，如果处于这样的关系中，两个人会有同样的不适感，但他们在真正感到非常不舒服时，却选择避免对问题进行认识和交流。这是令人遗憾的，因为他们本可以在互相倾诉、解释之后一起寻找解决办法。无论你和谁交谈，这种情况都无法避免，你自己也可能是做出有害行为的朋友（或伴侣、父母、孩子，比如孩子在成年后对年迈的父母带来有害影响）。

什么样的行为会使你们之间的关系变得有害？可能是故意对你施加负面影响的行为，也可能是真正严重有害的行为。前者很常见，但如果它们经常出现，就会使一段关系变得非常不愉快，甚至让人无法忍受。如果有可能对此进行沟通，那么我们也许并不会失去这段关系，但处理让人痛苦的关系的最好办法是尽快逃离。因为如果一个人"继续和一个伤害自己的人交往，通过否认自身价值和需求来维持关系，那么他就陷入了一种有害的关系"。[1]

识别有害行为

某些行为（举动、言语）是有害的，不管人们之间的关系是怎样的。以下列举了一些有害行为，我们要警惕自身的关系中是否出现过这些行为，在后文中我也会对这些有害行为给出解决措施，分享如何不受其影响。

□ 用情感使人产生罪恶感（"如果你爱我，如果你想让我开心，如果你想做个善良的人，你要……"）。

□ 太多对你本人（而不是对你所做的事）的判断和批评。

□ 缺乏可靠性，想法会根据情况（物质和人）改变。

□ 谎言被证实了。

□ 你总是那个需要为错误负责的人。

□ 以自我为中心，只谈论他自己，根据自己的观点判断一切，从不考虑你。

□ 以直接或间接的方式表达羡慕和嫉妒。

□ 处处凌驾于你之上。

□ 强烈拒绝直面矛盾。

□ 总是发牢骚，仿佛为抱怨而生。

□ 用愤世嫉俗或开玩笑的方式批评你。

□ 用挑衅制造冲突。

☐ 很想在你犯错时抓住你的错处。

☐ 如果他不喜欢这个话题，你就无法与之进行真
正的对话。

☐ 言行不一致。

☐ 错误地认为自己是成功的。

☐ 想要自己永远是对的。

☐ 认为自己知道一切并且做得比你好。

☐ 想要你永远听他的。

☐ 说话时语言不清晰、模棱两可、混乱、句子不
完整。

☐ 投射。他责备你，是因为他拒绝在自己身上看
到某些事物。

如果你在想到一个人时至少勾选了 6 项，那表明对
方可能拥有做出有害行为的人格。

一段有害的关系逐渐建立

即使是和你深爱的人，或者和在工作、生活中能融
洽相处的人建立的良好关系，也可能变为有害的关系。
这种有害性不是在一夜之间形成的，它通过一些看似无
关紧要的行为逐渐渗入：忘记约会、无端指责、不恰当

的戏剧化、嫉妒、某种形式的不满、工作中的打扰、不恰当的批评等。这些行为的不断重复和程度日益加深都在警醒你，你不应忽视自己从中感受到的信号，即使质疑这种关系的合理性会让你非常痛苦。当你开始质疑自己时，你通常想知道自己在关系中做了什么，你会认为自己对关系的有害性有责任，你可能会因此尽力取悦关系中的另一方，但这是徒劳的，并且这样做有可能使你抑郁。

有害且致郁的关系

当你经历了一段让你充满愧疚感和罪恶感的关系时，你会生病，你会对你爱的人对你的担忧充耳不闻。他们会注意到你缺乏活力，会看到你悲伤的眼神，会感受到你的沮丧。你周围的人可能都知道你正在经历但拒绝承认的事情。当你不再微笑和大笑时，你会陷入否认；当你陷入失落时，失落会逐渐打开通往沮丧的大门。随着时间推移，如果你坚持以这种方式抵抗，抑郁的情况会加剧。

抑郁症是一种真正的疾病，它对生活的各个方面都有影响：抑郁症患者讨厌自己，不再包容他人，会出现心身失调、进食困难和睡眠障碍等症状。我接待过很多患者，他们去医院时，医生都建议他们接受治疗。反复扭伤、体重过快减轻或增加、失眠和早起、莫名其妙的疼痛、消化问题等证明他们患有抑郁症。这就是为什么我们迫切需要接受上文中的现实来治愈自己，不论是身体上的治愈还是在精神上的治愈。

更重要的是，"加害者"可以通过"受害者"的抑郁进一步对他施加不良影响。

最坏的情况是，"加害者"是"受害者"的丈夫或妻子，他们可能会尽一切努力让"受害者"住院治疗。直到二人处于分居状态，"加害者""为了孩子们好"，会申请对孩子的专属监护权。如果真的糟糕到了这种程度，我们又应该如何保护自己？

如何保护自己

一旦你发现关系中的另一方做出了有害的行为，你就必须采取行动，保护自己无论是在精神上还是在情感上都不受任何形式的攻击。你没有理由继续受到伤害并为此疲惫不堪或生病，没有理由不再做你自己、不再享受快乐。对话者即使不像大型"捕食者"² 那样是精神病理学上会对人产生影响的角色，但有时也会严重损害一段关系。除非你的对话者愿意质疑自己，并通过寻求帮助理解自己的行为，否则你必须做出反应，有时甚至必须远离这种关系。之后，你必须通过自我判断恢复自己的自尊。在这种情况下，你有时或者说通常都需要帮助，因为你会被击中、会受伤、会对自己感到愤怒："我生自己的气，我应该早点意识到这一点""我不应该长期这样做"等。如果这个对话者是你无法不接触的（在家里，在工作中），你可以对他采取一种冷漠但尊重的态度，或者至少在一段时间内敢于和他断绝关系。如果你感到身体状况不好，那么是时候让第三方介入了。我要提醒你，没有人会因为你的想法而改变。更重要的是，人们通常很难放弃这些行为带来的心理利益：权力和控制让人不想放手。

第 2 节
你或你的对话者感觉压力很大
■ ■ ■ ■

压力可能会在人们遇到困难或感到痛苦时出现，这是一个短暂出现的状态，你很容易向对话者解释压力，对方通常也不会为此责怪你。但如果这种压力已经存在很久，这种描述就不再合适了，因为它是一个与你的过往生活有关的心理问题。既然是一个问题，那么它的表现是什么？这些表现是慢性的还是非慢性的？

缺乏自尊心

当情况严重时，缺乏自尊心的人会在仔细观察他的对话者面前感到很不自在，这将给他们的交流造成困难。

创伤后应激障碍治疗不当或不足

创伤后应激障碍治疗不当或不足 [3] 的原因可能是人在儿童或青少年时期经历的一次或一系列创伤事件（被遗弃后先后由多个寄养家庭收养、遭遇暴力、被父母忽视、产生被遗弃感、经历一系列事故），或者成年后在生活中经历的一次或一系列创伤事件（非常痛苦地失去亲人、让人过于难过的恋爱关系破裂、严重的工作困难、失业、慢性健康问题、长期存在问题的夫妻生活等）。

优于他人的感觉

矛盾的是，优于他人的感觉往往是一种"过度补偿"的自卑情结：一个人（无意识地）需要把自己置于他人之上，因为他（总是无意识地）感觉自己"不那么好"。如果有人想要进一步影响你的生活、走进你的生活，你想要或能与之进行建设性的交流吗？你们之间的关系应该不会持续太久——除非你们两个都是缺乏自尊心的人。但这是一种不良影响，反射出对话者的有害行为。

痛苦的情感生活

各种不愉快甚至痛苦的情绪会影响你的沟通技巧。愤怒、悲伤或恐惧（这些都是通用词汇，它们表达的情绪有许多细微差别）会削弱你进行良好沟通的能力。

害怕表达自己的感觉和情绪

可能因为一些经历，你没有足够的安全感来以一种深入内心的方式谈论自己（害怕被评判、被拒绝等），或者你在家庭文化中拥有了极大的羞耻心，或者你想用你的烦恼来"照顾"你的对话者（这是基于一种良好的感觉开始的）。无论如何，你不需要和每个人谈论你的情绪。然而，有人最终可能会厌倦这种可以被解释为"对自己缺乏信心"的情况，这就是所谓的误解，你们的关系可能会变得有害。弗洛伊德曾说："未经表达的情感不会消失。它们被埋藏起来，在之后以另一种形式出现。"但有时你很难对自己说这句话。

压力下的沟通形式

你可能会让你们的关系变得有害，因为你在不知不觉中没有很好地和他人沟通。记住，你会从对方那里得到你在他身上激发出的东西，反之亦然。大部分关于沟通的书都同意这一说法。你可能经常会有这样的经历，只要观察某些沟通互动及其对关系的影响，就能发现这一点。

我告诉过你，那些夫妇之所以来接受治疗，是为了说出他们遇到的困难，他们抱怨彼此之间无法沟通。当他们处于压力之下且压力越来越大时，这种情况是很常见的，因为他们之间的沟通会越来越糟糕。当你已经意识到自己处于压力之下时，你在沟通中会立即感受到这一点。这种情况下，你要么扮演角色，要么玩心理游戏。角色和游戏是由你的潜意识驱动的。

防御角色

"一个只相信自己观点的人将处于危险之中。"

—— 谚语

　　"防御角色"是"人们用来掩饰自己的感情、避免受伤的盾牌"[4]，这一概念由美国家庭治疗师维吉尼亚·萨提亚（Virginia Satir）提出。防御角色是可以观察到的，因为它们是重复的，是在儿童时期建立起来的，建立这一角色的目的是减轻压力、左右他人、得到认可和加强自尊心。当你害怕不被欣赏甚至被拒绝时，你会产生一种心理上的威胁，并认为必须不惜一切代价来消除这种威胁。你通过给自己塑造一个扭曲的形象来保护自己。在你看来，这样做是有价值的。之后你采取防御性沟通方式，扮演那些角色中的一个。如果你在其中一个或另一个角色中找到了自己的痕迹，说明你可能并没有复制该角色身上的所有特征。完全进入某一个角色的情况是很少见的，这里我们只考虑一般的情况。重要的是，要迅速意识到自己是"防御性的"（因此压力很大），或者意识到你的对话者在扮演防御角色。相应的沟通方式被认为是用来应对或避免（或可以避免）有压力的情况的策略，它们似乎很有用，但最终会让你的对话者感到厌烦，甚至让其产生不稳定的情绪，进而也采取防御性沟通方式，这反过来又会给你带来压力。然后，沟通陷入可怕的死循环，这可能使一段关系变得有害。

"独断型"（或"责备型""指控型"）

他扮演"独断者"的角色，试图证明自己比那些在他看来总是犯错的人做得更好。最重要的是，他很强大，是自己的主人，他可以恐吓任何人。他通过提高嗓门、偶尔大喊大叫、大声批评、用手指威胁别人来获得对他人的影响力。他寻找对方的弱点和缺点来责备、谴责、攻击或打击对方。他这样做的目的只有一个：向对方证明对方低人一等。傲慢、蛮横和蔑视是他主要的性格特征。他攻击他人是为了不受攻击。他的声音、手势（他语气粗暴，僵硬地站着）注定给人留下深刻印象，并且很快就会让人无法忍受。他得到了什么回报？其他人害怕他——这是对他的力量和权力的认可。但这只是他的一个侧面，因为事实上，他的自尊心不是很强，他只是被愤怒驱使才这样。下文例子中 A 和 B 的对话说明了这一点。

A："让我们谈谈那段过去吧，被浪费的时间、可怕的混乱，所有这些都是为了什么？不为什么！只是制造噪声、烧毁汽车，我想称之为犯罪……"

B："但你似乎不知道到底发生了什么，也不知道我们今天还在为之承担的后果……"

A："哦，是的！很明显，你只对这些感兴趣。"

B："不，我不只对这些感兴趣。如果你让我解释，我可以解释给你听。"

A："你没什么好解释的，你什么都不知道。你看，你也没说出个所以然！"

"流泪型"（或"恳求型"）

他认为，通过把自己描绘成"生活的受害者"，自己将得到别人的安慰、照顾、保护和迁就。最重要的是，他不会因为避免冲突而惹恼任何人，即使代价是撒谎、贬低自己的价值、压抑自己的情感，如果这些是维持和平所必需的，那么他都可以牺牲。他通常低着头，瑟缩着，或者微微弯下腰，眼睛湿润，声音嘶哑，为一切道歉，不断请求原谅，只知道对一切问题回答"是"。他抱怨和哀叹自己的命运，却不提出要求。在他的潜意识里，如果没有从对方身上得到自己想要的，就应该指责对方，这就是他影响周围人的方式。他会说："我太不幸了，虽然我不敢这样要求你，但如果你不做我希望你为我做的事，你会显得有些忘恩负义（刻薄等）。"他总能找到一个对他的"情况"感兴趣的好人。这样他对于被认可的需求就得到了满足：他得到了照顾。下文中母女的对话很好地说明了这一点。

女儿："喂，妈妈？嗨，是我！"

母亲："嗨，亲爱的！我很高兴接到你的电话，我想知道从那之后你做了什么……你知道的，三天对我来说很长，我独自一人……"

女儿："是的，妈妈，我知道，但是你知道我在工作、盖尔、孩子和家之间忙得不可开交，这并不轻松，你能理解我，对吗？你知道我在想你，即使我不给你打电话。"

母亲："是的，我知道，但一个短短的电话或留言花不了多长时间……"

女儿："妈妈，我想和你说，我们明天晚上不能一起吃饭了，我有一个会议要开到很晚。"

母亲："但是一切都准备好了，你知道我很想你……你答应过我的……"

女儿："是的，妈妈，我答应过你，但我刚接到会议通知，我改天再来。你把所有的东西都放在冰箱里，这很简单……"

母亲："和往常一样，你的工作总是比我重要。我很难过，你知道的，我的小女儿……"

女儿："你最后总是惹我生气，不，我的工作并非比你更重要，它只是非常重要，你们之间没有可比性……"

母亲："好吧，我觉得我越来越不能依靠你了。"

女儿："我很难和你讲清楚……我们无法预测意外事件。"

母亲："你知道吗，我可以把晚饭放在冰箱里，你随时都能来，这样你就不用在到约定时间前的最后一刻再取消我们的约会了。"

女儿："这不是最后一刻，你不会整晚都等我！你无权和我这么说，你以为我不想去吗？"

母亲："你一直都这样，我从来没有指望过你，你不像你哥哥。好吧，你想怎么做就怎么做，但我真的很难过，仅此而已。此外，你哥哥也很忙。我再次发现自己独自一人……"

女儿："别这样，妈妈……好吧，你赢了，我将出席会议，中途借机离开。但你知道，这会让我觉得很困扰。"

母亲："但是亲爱的，对你的妈妈来说，这是应该的……明天见！"

"不合适型"（或"不合时宜型"）

大多数时候，他是不合时宜的，他似乎在以否认的方式逃避一场令人不安的谈话。他不知道如何维持自己的立场，他喜欢开玩笑并以此逗乐他人。他总是答非所问，说一些有时会令人感到困惑的没头没尾的话。为了让人注意到他，他对任何事情都开玩笑，因为他需要得到极大的关注。他滔滔不绝地说着与正在发生的事情无关的话，用一种有时很不恰当的漫不经心的方式回应每件事。他让人觉得很疲惫，甚至有点儿烦人，因为人们无法与他进行一场严肃的谈话，但激怒他人总比被忽视好。这类人在逃避，逃避他的情绪，逃避那些可能威胁到他的情绪，避免暴露他所谓的"弱点"（即他的情绪）。

下文中 A 和 B 的对话可以说明这一点。

A："我希望我们能一劳永逸地做一个预算，而不是每次都要重新进行相应的工作。"

B："你知道吗？你认真的时候很漂亮。"

A："打住，我不想笑……我们还有时间，上次我们讨论这个问题的时候，你同意了……"

B："是的，是的，我同意……此外，当你生气的时候，你的眼睛会变亮，变得非常明亮。哦，别那么严肃地看着我，看起来像我妈妈。"

A："你想不想和我一起做预算？我们可以用 Excel，很多人都这么做。"

B："你需要钱吗？你在经济上有困难吗？如果你不介意，我们改天再谈，空闲时间我们可以做点儿更重要的事情，对吗？来吧……"

"计算机型"（或"过于理性型"）

他站着不动，像机器人一样用单一的语调说话。严格来说，他没有表达任何与情感相关的东西。他冷淡而严谨，逻辑性强，思想和态度都难以动摇。他把对话者的每一个情感表达合理化，他依靠他的知识，用长篇大论（有时是学者的说法，并且他总是有理有据）把一切合理化，他什么都知道。他不提出任何批评，但还是有一点居高临下，他像一张被刮坏的、重复相同歌曲片段的唱片一样，一遍又一遍地解释我们需要知道的事情。他从来不会表现出任何感受（这是使他无法思考的原因和弱点），知识渊博使他获得了他所寻求的认可，他觉得这体现了自我价值，并期待获得别人的钦佩。他高水平的演讲使他能摆脱情感和情绪的干扰。

下面的对话就是一个很好的例子。

A："你好！已经有一段时间，我想和你好好谈谈……"

B："好的，我在听。你想告诉我什么？"

A："嗯……首先，我受够了我们两个一直在玩'捉迷藏'……"

B："等等，我现在就要打断你！重申一遍，我要你讲道理。当你说话时，你必须遵循连贯的推理，从一到二。你知道，如果你的讲话不符合逻辑，我们就有可能迷失，不知道自己想去哪里。组织自己的语言很重要，你可以阅读一些逻辑学家和哲学家关于这个主题的著作，这样你就会发现演讲的力量在于其背后的推理，推理是逻辑的基础。因此，我们必须先找到一，否则就不可能找到二。你知道，人的非凡之处在于理性。有了理智，我们可以得到一切。好吧，你想告诉我什么？但是……你睡着了吗？"

"有什么用型"

他在压力下倾向于（间接）传达这样的信息："没有什么是有用的，没有什么值得关注，生活是痛苦的……"在这种贬低一切的沟通中，嘲笑、愤世嫉俗和绝望必不可少。无论对人类（"无论如何，我对任何人都不抱期望，他们都是一样的令人失望"），还是对社会、世界和生活

（"为什么要抱有期待，那有什么用"），他都持有一种相当消极甚至沮丧的言论和态度。他最终会激怒对话者，或者让对方变得消沉。下面的对话就是一个很好的例子。

A："你最近好吗？我听说你在实习期间遇到了一些很有趣的人，并且和他们开展了合作项目。"

B："是的，我们要参加一些课程来学习如何加工石料，然后我们将得到一些小项目……"

A："能做到这一点真是太好了！希望你为此感到高兴，我知道你一直遗憾于那么多古老的建筑被遗弃！"

B："是的，的确如此。我们会修复那些被毁的建筑，会努力让它们恢复某种形式，就像它们过去想传达的那样。"

A："我很羡慕你的这项工作！"

B："是的，但这样做到底是为了什么？我们修复一些，然后人们再次破坏它们，时间继续摧毁它们……更不用说加速这一切的污染了……归根结底，这对整体没有太大的帮助……"

压力的恶性循环：当沟通变得紧张时

我坚持认为，这些处于压力之下的不同类型的交流不可避免地会给对话者造成压力，而对话者又会在压力下采取自己的首选策略：压力循环。这就像打乒乓球："我把我的不适传给你，你也会感到不适；我把我的压力传给你，这也会增加你的压力；等等。"

我以两种情境为例，在紧张的情境下，每个人轮流扮演"受害者"和"加害者"的角色。

情境 1：11 岁的孩子皮埃尔返回家中享用晚餐。家人让他购买 2 个法棍带回家，但他带回来 2 个乡村面包。

父亲（独断型）："我受够了！你甚至都不知道怎么买面包，你一无是处！我怎么能生出你这样一个孩子？回你的房间去，你不许吃晚饭，也不许借此机会玩游戏机……"

母亲（流泪型）："听着，皮埃尔，这让人心生不快……我消化不了乡村面包……而且你让你的父亲生气了……不，别哭了，你让我很痛苦……下一次要注意一点儿，因为像往常一样，是我忍受着你父亲的坏情绪……去吧，回你的房间，这样更好……"

叔叔（计算机型）："每个家庭都存在沟通问题……我最近读了一篇文章，讲得很好……皮埃尔，你对父母有什么特别的感觉吗？这篇文章很好地解释了孩子们对父母的怨恨……你故意带错面包是不是表示你对他们有什么想法？快点儿，说话！这篇文章说我们需要谈谈……"

婶婶（不合时宜型）："嘿，这让我想起我来这里之前忘了晾衣服……对了，皮埃尔，你今年几年级？你的脸色看起来很不好，我的孩子……我饿了，我们可以吃饭了吗？"

爷爷（有什么用型）："哦，别再为面包争吵了！法棍或乡村面包都是一样的……或者根本没有面包什么事……考虑一下那些没有面包的人……尽管我们吃得不好，但不管怎样，我们还可以用叉子挖坟墓，对吧？"

情境 2：在办公室里，杜邦先生把他的秘书杜兰德小姐叫来责备。

杜邦先生（独断型）："杜兰德小姐，恐怕我们不能继续让你待在这个岗位了。我们不会付钱给无所事事的人，你的工作节奏太慢了。你需要花两小时来做通常一个秘书在半小时内可以做完的事！"

杜兰德小姐（流泪型）："对不起，先生，你说得对。我在尽我所能……我总是听到别人说我很慢，但这不是我的错，你知道的……我在努力，你知道的……"

或杜兰德小姐（独断型）："杜邦先生，你把所有任务同时交给我……你不知道如何安排工作……要指责我太容易了，所以请从树立榜样开始吧！"

或杜兰德小姐（计算机型）："杜邦先生，你知道生物节律的重要性吗？你知道它们对个体注意力的影响有哪些吗？如果你愿意，我将向你解释这一点并提供所有必要的信息，让你明白我们并非在以一种相同的模式运作，我们最好研究一下这个问题，看看我们如何在工作组织中以不同的方式运作……"

或杜兰德小姐（不合时宜型）："哦，杜邦先生，你生气了吗？你脖子上有一根金色的头发，你介意我把它拿下来吗？幸好我在这里，不是吗？你的妻子是个棕发女人，我想……"

或杜兰德小姐（有什么用型）："是的，可能吧……加快工作有什么好处？所有这些文件、这些信……坦白说，你觉得它们有用吗？你觉得谁在乎？如果你想辞退我也行，因为不管是在这里还是在其他地方，一切都是一样的……你不觉得我们所有人这一辈子都自认为很有用且很重要吗？这太令人遗憾了……"

在同一种交流情境下，一个人可能会采取不同的策略来影响对方。在下面这种情况下，"流泪者"变成了"独断者"，"受害者"变成了"加害者"。

卡罗："喂，马蒂娜？你好，是卡罗！"

马蒂娜："嗨，卡罗，你最近过得好吗？"

卡罗："是的，我很好，你呢？"

马蒂娜："我，我简直太棒了！我今天有空闲时间，所以我要休——息！我们要给学校消毒……我借此机会放松身心，这真是好极了……"

卡罗："是的，我想象得到。你很幸运，这种好事不会发生在我身上……我只是想问你，放学后……但是既然你不在学校，那就更好了……我需要去理发店，你有什么打算？"

马蒂娜："好主意！你想让我和你一起去吗？我比较感兴趣。我本来想去博物馆，但我可以改天再去……这真是个好主意！"

卡罗："呃……不，我不是这个意思……是的，那是个好主意，但我想问你，既然你今天不工作，那你是否能帮我照看亚瑟。他睡得很香，不会妨碍你的……"

马蒂娜："但是如果我在上班，你会怎么做？他不是在幼儿园吗？"

卡罗："不，今天没去，我就想给自己空出一天，就这一次……"

马蒂娜："但我真的很想享受这意想不到的休息……"

卡罗："我只是去理发……不会很久……我不经常向你求助，不像苏菲……"

马蒂娜："等等，我们不应该在苏菲背后说她的坏话，她的处境很悲惨，你知道的，因此尽我们所能帮助她是应该的。"

卡罗："我想指出的是，我也不是一直徜徉在幸福中，但很明显，苏菲的命运比我更值得同情……没有人关心我，也没有人在意我对我母亲的担忧……但就这样吧，你去休息吧，我习惯了自己照顾自己，很抱歉我这次向你请求了那么一点点的帮助……希望你能度过愉快的一天！我以为我们是朋友，但最后你只考虑你自己！别再说你的工作让你筋疲力尽了，你的休息日和假期加起来几乎比工作日都多！"

马蒂娜："好吧，如果你是这么想我的，我不明白你为什么还要我帮你这个忙。试着和一个不那么自私的人相处吧，也许他会帮你……"

心理游戏："加害者""受害者"和"拯救者"

心理游戏的概念源于关系交互分析，由艾瑞克·伯恩（Eric Berne）在 20 世纪 50 年代提出，他认为心理游戏是"一系列隐藏的、互补的交互过程，朝着一个明确的、可预测的结果前进"[5]。事实上，孩子在家庭中学会"玩耍"和（无意识地）影响他人以获得关注和认可。孩子在学校会像在家庭中一样，继续（我要强调的是无意识地）玩他最喜欢的心理游戏（具体的心理游戏由其家庭决定），比如下面这些。

- "如果你再和劳拉说话，你就不再是我的朋友了。"（加害者）
- "劳拉不想再和我说话，我又是一个人了。"（受害者）
- "我为雨果辩护，阿德里安侮辱了他。"（拯救者）

成为一个成年人后，为了证实对自己、他人和世界的信念，他会继续玩这些心理游戏，因为他不知道如何通过其他方式来获得认可、维护自尊。同时，他不明白为什么他会让对话者感到不舒服，并且会强迫对方"加入他的心理游戏"。为了验证这些心理游戏，同类型的交流必须不断重复。当你在沟通中感到不舒服时，可能意味着你的谈话者把你带入了一个心理游戏。这些都是沟通中的障碍。

第 5 章

了解沟通中会出现
的主要错误

"当你想尊重别人时，你必须以他们的方式来尊重，而不是你自己的方式。"

——让－雅克·卢梭（Jean-Jacques Rousseau）

本章将重点介绍最常见的沟通错误，这些错误可能会使一段关系变得有害。你可以思考在你的关系中是否出现过这些错误，以及你应该如何避免这些错误。

第 1 节
建议、道德教训、批评和评判

■　■　■　■

如果你想保持良好的关系，你应该摒弃与人沟通中的建议、道德教训、批评和评判。

建议

不恰当的建议，尤其是未经请求而提出的建议，可能会被接收者理解为对他的控制，因为这时的建议意味着："我比你更清楚。"即使这是出于善意提出的建议，我们也要记住，善意并不是一切。我认识一位女性，她刚开始和一位认识不久的男性谈恋爱。有一天晚上，这位先生向她解释了如何拔下一盏灯的插头，并向她做了示范。他们都已经 50 多岁。这时她突然笑了起来，提醒他自己早就不是 5 岁的小孩子了，这让他很生气……

你当然可以提出建议，但更好的方法是询问对方是否需要你的建议或愿意听你的建议，这样做并不难，也不会让别人觉得自己总是被人盯着看。请不要觉得我是在吹毛求疵，想象一下，当你告诉你的朋友你正在经历的事情时，他们通常会给你一些建议，对此有时你很快就会感到生气，你可能也意识到了这一点。

道德教训

道德教训不仅构成一种情感上的束缚（好像你没那么高尚），而且或多或少包含一种判断，因为"权威只有在通过久经考验的功绩获得的时候，才是强大的"[1]。没有一种世界观比另一种世界观更"真实"：如果它是宽泛的，它只能起到一定的帮助作用；如果它观察世界的视角非常锐利，那它只能起到有限的作用。至于他人是否应该因道德教训中隐含的批评而质疑你的道德水平，你不必为此感到忧虑，除非你真的犯了错，或是你主动要求，否则世界上没有人有权扮演你的道德导师。

我记得有一个非常像"道德家"的人，每当他的伴侣不同意他的观点或对他说一些他不喜欢的话，他就会说，她必须"自我反省一下"。她真诚地问他："我需要自省什么？"但他没有回答，因为他认为自己的道德水准堪称典范……有时他会对伴侣说一句警句或格言，接着说："好好思考这个句子。"这是他们分手的原因之一。

事实上，让人"提升道德水平"（他有什么权力这么做）等于谴责对方某一特定的态度、言论和行为，而"那些行为最让人发笑的人总是首先谴责别人"（莫里哀，《伪君子》），这很容易将一段关系置于极度危险中。对这些批评进行回应会让人痛苦（批评者甚至没有勇气清楚地表达这些批评），因为接收者受到了伤害。如果道德教训经常出现，那么接收者离愤怒就不远了。此外，如果接收者的自尊心不是很稳固，他很快就会因为缺乏尊重而变得自卑。正如有人曾说："一个人的道德水平越高，他就越不注意别人的缺点。相反，他通过他人的品质来看待他人。"

总体来说，建议和道德教训都只想表明一件事："你应该像我一样做事，做一个像我这样的人。"

批评

没有人喜欢被批评，这是显而易见的。即使对一种行为、一项任务、一种表达方式的批评是合理的，也要用一种尊重他人的方式来表达这些批评，不让人感到被羞辱或被伤害。甘地说："当我们批评时，我们必须采用谦卑和礼貌的方式，不留下任何痛苦。"错误是人为的，重要的是要认识到：要么纠正错误，要么尽量减少错误带来的后果。要了解错误而不是重复错误。

在任何情况下、任何年龄段（包括儿童时期），良好沟通中对**存在**的批评都是不可接受的，应该被明确禁止。"对于所有喜欢批评他人的人，我都只有一句话要说：做比说更好。"如果我们想避免形成一种有害的关系，就必须排除以"你是……"或"你不是……"开头并带有批评的句子。批评源于一种需要，一种通过认真对待自己来支配自身行为的需要，但这并不意味着我们是"完美的"。评判、批评他人比质疑自己更容易、更不需要勇气。如果你花太多时间去批评他人，你就没有时间去欣赏、去爱。正所谓"批评是心癌"。

评判

评判也有积极的情况，**真诚**且**合理**的评判让人愉悦。消极的评判让人非常不愉快。更重要的是，人们可以在尊重"存在"的基础上对"做"进行评论：你只需要希望关系保持和谐。道德教训和建议也包含（直接或间接的）评判。

- "你不觉得除了杂志你还能读点儿别的吗？"
- "你应该对你的儿子更好一点儿，显然，你对他太苛刻了。"
- "你应该要求涨薪或换工作。你可能没想到这一点，但如果我是你，我会去提要求。你一直没有得到你应得的那些，可怜的人啊！"
- "你差点儿出错，这些错误会让你在重新装修公寓时付出高昂的代价。"
- "你为什么同意参加这个实习？这是在浪费时间和金钱！"
- "你想接受治疗吗？为什么？你可以把钱存起来买别的东西。你会后悔的。"

每个人在给出建议、道德教训、批评或评判之前，都有必要问自己以下两个问题。

- "我真的有必要说这些话吗？"
- "这对个人和我们之间的关系有什么影响？"

通常情况下，最好的选择是保持沉默，或者用其他方式表达你认为有用的观点。更重要的是，通过非语言让人"感觉"到的信息和通过语言让人"听到"的信息一样，都有可能令人痛苦。

第 2 节
间接交流

■　■　■　■

暗示

暗示是通过弦外之音表达的消息，它有时会带有含蓄的指责、负面的内容和隐藏的命令，相当笨拙。至于幽默，它也是一种通过非语言沟通来间接进行的沟通形式，它并不总是让人发笑，有时会让人咬牙切齿。有时微笑更像一种鬼脸——让人感觉十分不协调，我们之后再谈这个问题。

- **潜在的责备。**一个男人对他的伴侣说"你现在经常和你的朋友达米安一起工作"（几乎没有掩饰他的嫉妒），或者"当你谈论我的家庭时，我很敏感……"（你不要谈论有关我家庭的任何令人不快的事），又或者"嘿，你昨晚没有接电话，也没有告诉我你要出去……"（你当时在做什么）。在这种情境下，一些疑问或陈述变成了指责。

- **带有责备的提问**。"你没有告诉我你昨天和你的前任共进晚餐……为什么……"或"你不应该替我向银行打个电话吗"。

- **潜在的命令**。"我没有时间吃晚饭""我星期六要去看我妹妹，你要给她带些什么""我相信你会在周一早上完成这份报告"。

- **（直接或间接的）干涉**。"我不知道你经常见凯瑟琳，你没有告诉我""你没有告诉我你童年经历了什么，你不相信我吗""我希望你告诉我你在和谁约会，你现在是成年人了，但我仍然是你的妈妈"。

- **暗含的罪恶感**。让人产生罪恶感是很容易的，这是另一种获得权力的方式，通常表现为与受到"额外惩罚"（不应因此被惩罚）的对话者打交道，让对话者对一切负责。

下面举一个交流中暗含罪恶感的典型例子。

约翰娜患有一种慢性遗传疾病，疾病的症状之一是身体无法保持平衡，因此她经常摔倒。她的同伴理查德受不了这一点，每次她摔倒后理查德都很生气。

理查德："你就不能小心点儿吗？"

约翰娜："啊呀！我不是故意摔倒的，没人会这么做！"

理查德："你必须非常小心地走路，我一直都在叮嘱你……"

约翰娜："没用的！你上次去戛纳时也摔倒了，你还说那是人行道的错！"

理查德："是的，我受伤了，膝盖流血了……但那人行道太高了……"

约翰娜："我摔倒时会抱怨吗？我会指责人行道吗？我告诉你我受伤了吗？不，我没有。你甚至不能扶我站起来，每次都是路过的行人帮我……"

理查德："我再说一遍，你得注意点儿，我受不了你因为分心而摔倒。"

约翰娜："当你因没有看清人行道的高度而摔倒时，你没有分心吗？"

理查德："够了！"

这种对话可能会持续很长时间。间接沟通对应不明确主张自己的要求，这会产生一种不良影响，我们应该觉察它并尽力避免它。

误解

误解源于对所说或所做的事情的错误理解和不一致的理解（或解释）。鉴于其中一个对话者没有意识到所说或所做的事情和理解之间的差异，在这种情况下，任何一个对话者都不应对误解负责，除非对话中的某个人没有足够清楚地表达自己的想法（有时他是故意这样做的），或者他干了一件他本可以避免的"蠢事"，抑或在面对对话者时，他没有考虑到可能暴露问题的非语言沟通的影响。

今天是索菲的生日，马克和以前一样为她的生日精心准备了一个惊喜。现在是早上8点，索菲在厨房里吃完早餐，马克需要去办公室。家门口有一个深红色的台面，出门之前，马克用手指在上面写道："生日快乐，我的爱人！"他之所以可以写下这句话是因为台面上落了一层薄薄的灰尘。过了一会儿，索菲出门了，她看到了马克的留言，这在她心中激起了极大的愤怒。事实上，索菲不太喜欢做家务，马克也不喜欢。她有时会为此自责，马克考虑过后决定两人共同承担家务，索菲负责清理灰尘。她怒气冲冲地拿起一张纸急躁地写道："我非常'欣赏'这种微妙的批评方式！这是懦弱的！我受够了。今晚我会很晚才回家，我将和我的朋友们一起庆祝我的生日，祝你度过美好的一天。"

当误解出现时，其中一个对话者（通常是"受害者"）会感觉自己是无辜的，他无法想象自己传达的信息会被解释得与自己的意图相去甚远。上面的例子就是这种情况。马克觉得自己被误解了，而索菲觉得自己是马克间接批评的"受害者"。一般来说，只有经历激烈的"解释"、双方意识到"责任人"之后，关于误解的争论才会结束。而事实上，根本没有人能做到这些，通常情况下，意图和信息都没能被理解。只有在某个人的意图会伤害他人时，才能说这种意图是"有害的"，从而找出关系中的"加害者"和"受害者"。还有可能出现的情况是，每个人都把责任推给其他人，比如"你本可以更清楚地表达自己的想法"，或者"当我和你说话时，你本该认真听我说"。在这种情况下，误解即使被消除了，也会引起不愉快的情绪和冲突。如果这种情况再次发生，一段关系可能会变得有害。这就是为什么在与人沟通的过程中，你有必要审视自己是否被正确理解了，或者自己是否正确地理解了对话者（请允许我强调这一点）。

冲突

"冲突"一词有"攻击"或"与之斗争"之意。一段关系可能会因为潜在的冲突（未明确表达的怨恨）或公开表达的冲突而变得有害。你可能积累了太多痛苦的情绪，有时会口不择言地伤害你的对话者，这会使沟通变得非常糟糕。如果冲突经常发生并且没有得到解决，那么会产生很严重的后果。还有一种情况是，当太多重要的心理和情感期望没有得到满足时，大多数人针对过于强烈且明确的价值观可能会产生不同意见。这些心理和情感期望逐渐转化为需求，尤其是情感上的需求。每个人都希望对话者以自己想要的方式（而不是对方觉得正确的方式）重视、尊重、欣赏自己。对话者对你是谁以及你所做的事情的认知，不仅有助于维护你的自尊心，还可以让你对于和对话者在一起产生一种安全感——安全感是一种需要长期培养的感觉，你需要和别人一起培养它。

- 如果你不能清楚地向对方表达自己的愤怒、怀疑、悲伤、沮丧或不理解（这些情绪可能会伤害对方的自尊心），冲突迟早会爆发；如果你保持沉默，你只会得到自己害怕的东西。想保持良好的关系，要有能力表达自己的感受。要知道，没有一种关系毫无分歧和冲突，有时这甚至是必要的，其以"带来有益的变化"[2]帮助你维持一段关系。此外，当你处于焦虑、抑郁或愤怒的边缘时，你最好先一步一步地表达你的烦恼，这样冲突的规模将会减小，危险性也会大大降低。[3]你可以对别人说出"一切"，这取决于你如何表达你的感受以及选择何种表达情境，有些"规则"适合用来表达分歧或冲突。我们要意识到，逃避讨论只会强化错误，这种行为中包含一种"自欺欺人"的信念："如果我什么都不说，问题就不存在。"

- 在开始讨论之前，不妨考虑一下是否真的有必要进行讨论。正如我在上文中提到的，沟通问题是最迫切需要解决的问题。

- 攻击是解决冲突的最差方法。

- 切勿在第三者面前发生冲突：（与朋友或家人一起）吃饭时不是发生冲突的好时机，甚至称得上是最糟的时机，"被指控者"会觉得被冒犯或被羞辱，而"旁观者"则会极为尴尬。这将是一个由"加害者"发起的行为，而其他人会站在"受害者"那边。

- 最好的表达方式是："当你在 Y 的语境中说（或做）X 时，我感觉到了 Z，我希望你用不同的方式与我说话（或做出行动）。"这是个人对不恰当的语言或行动的反应。这不是批评，它与你的情绪反映的信息有关。

- 讨论有冲突的话题的过程不应该变成"发泄"的过程。

- 表达痛苦的情绪并不意味着责怪对方，冲突也不会因此得到解决。

- 利用分歧或冲突夺取他人的权力，或者以威胁或指责的方式控制对方，这些行为没什么效果。

- 他不是你的敌人，你也不是他的敌人。尊重对方是在一个有争议的话题上进行健康沟通的必要条件。
- 别指望用这次讨论来解决其他分歧或冲突，离题的讨论会放大愤怒，沟通可能因此恶化。
- 理解冲突的根源会对解决冲突有所帮助。
- 我们的目标是共同寻找解决方案，并坚持下去。
- 最好接受"一次讨论不总是充分的"这一事实。在找到尊重每个人的期望和情感的解决办法前，有些问题值得讨论多次。

下面的例子展现了如何在不发生冲突的情况下表达分歧。

玛蒂尔德："我觉得你离我越来越远，但我却不敢告诉你这件事。你看起来如此冷漠！"（表达恐惧。）

伯努瓦："我一点儿也不！（*这是一个糟糕的开始：玛蒂尔德的情绪被否认了。*）你知道我很在意我的工作，我必须努力工作才能保住它并得到晋升。"（*没有试图理解发生了什么。*）

玛蒂尔德："这会妨碍你做温柔的手势、下班回家后亲吻我、对我说你爱我吗？"（*直接表达期望。*）

伯努瓦："你很清楚，我和你住在一起就是因为我爱你。我没想到你会怀疑这一点……"（*伯努瓦再次无视了玛蒂尔德的要求。他认为他们的世界观是相似的，他把要求和批评混为一谈。*）

玛蒂尔德："没那么简单。我需要你告诉我你对我的感觉，告诉我你关心我。我的工作也很多，但我不会把它放在第一位。"（*解释自身期望，并比较自身与对方的情况。*）

伯努瓦："但是不管怎样，玛蒂尔德，我们已经在一起生活很多年，你不希望我一直和你进行关于爱情的讨论吧！"（*他强调自己缺乏同理心。*）

玛蒂尔德："当然不是，但你可以更有表现力地表达你的感受。"（*她总结了自己的期望。*）

伯努瓦："我想让你明白我的工作有多重要！我觉得你对我做了什么不太感兴趣……"（*他改变了话题并批评了她。*）

玛蒂尔德："你也没告诉我你做了些什么……这就是为什么我觉得你离我很远。我们之间说了些什么？我们什么也没说……"（*发生情感转移，在预期之后有一个消极的发现。*）

伯努瓦："如果我没理解错，你是想让我更频繁、更好地表达我爱你吗？"（*他重新措辞，证明自己明白了玛蒂尔德的意思。*）

玛蒂尔德："没错，最好是用语言和行动。当你上床睡觉时，我已经睡着了；到了早晨，你比我先离开家，我们没有时间交流……我想知道你是否也怀念曾经。"（*沟通更加顺畅。*）

伯努瓦："我从未问过自己这个问题。但你是对的，我们生活在一起……"

玛蒂尔德："那你明白我的意思了吗？"

伯努瓦："是的，我会考虑你刚才向我解释的那些。"（*一切都很好，结局也很好。*）

在这个例子中，玛蒂尔德在没有批评的情况下表达了自己的期望，伯努瓦理解了她的期望，他们的关系没有受到威胁。

不好笑的幽默

拥有相同的幽默感有助于交流，交流中让人感到愉快的默契使幽默产生。然而，即使在这种情况下，两个对话者也可能不会因同一件事发笑。幽默还会被用来以一种轻松的方式表达你不敢说的话，这通常是不太容易被接受的批评或嘲笑，特别是当其出现在公共场合时。有些笑话若没有被很好地表达，只会让开玩笑的人自己发笑。皮埃尔·德罗日（Pierre Desproges）说得很对，你"可以笑任何事，但不能和任何人一起笑"。因为幽默有其局限性：它可以造成很大的伤害，并且坦诚地说出自己被一句想逗笑别人的话伤到了并不容易。每个人的敏感程度都是可变的，而人在某一刻的敏感程度并不总是容易被准确察觉。"这是为了逗笑你"，这句话并不是一个好借口。如果一个人因别人的玩笑话而受伤，你必须考虑说出这句玩笑话的人的意图：要么他有些粗心，要么他有意中伤别人却不愿承担责任。

嘲笑如果触及痛处，就只会让做出嘲笑的人发笑。嘲笑有时是残酷的，甚至是咄咄逼人的，而且并不容易以超然的态度来回应。直到很久以后，你才会找到恰当的巧妙回答（即"楼梯上的智慧"①）解释你当时的感受，

---

① 法国谚语，通常指在与人讨论或争吵时没想起来，却在事后涌现的灵感。
——编者注

但此时已经太迟了。用幽默伤害别人是一种糟糕的行为。指责受伤的人缺乏幽默感也是一种非常糟糕的行为，它会带来双重痛苦（这个人不仅被伤害，还被指责没有幽默感）。幽默通常是在家庭中学到的，它是一种他人很难深入分析的默契。

对某些人来说，有一种幽默是无法忍受的，这种幽默是一种自我贬低，包含一些愤世嫉俗，通过语言攻击信息接收者。嘲笑或想嘲笑自己的缺点、弱点甚至不幸，只会让人恼火并引发更糟糕的情绪。这样做是把对话者当作自身的不安的见证者，因为这种嘲笑会让对话者很不愉快。如果这样的对话出现在一个群体中，有些人可能会感到非常尴尬。这一切都取决于非语言沟通：你可以"温和地"嘲笑自己，表明你尊重自己；你也可以对此发出"古怪的笑声"。但无论怎样，嘲笑自己的痛苦的确会让人震惊。爱一个以这种方式表达他不爱他自己的人会令人很受伤，把这类人当作朋友或伴侣是品位糟糕的表现吗？尤其是对于那些一本正经地看待一切的人来说。

因此，最好把"笑"放在"嘲"之前。在学校，一个人模仿另一个人，取笑他（包括说话方式、态度、体格、服饰、口音），这有时会伤害另一个人的自尊心。在治疗过程中，我听到很多这样的话："在中学时，人们总是嘲笑我！"在某些情况下，这种嘲笑甚至会发展到令人意想不到的程度，带来意想不到的伤害。我们要意识到这种嘲笑产生的不良影响，并阻止这种嘲笑愈演愈烈。

事实上，一部分老师有时也会这样。我记得我上二年级时写过一篇文章，文章的主题是"你能欣赏波利厄克特（Polyeucte）的美吗"。我的法语老师大声地把我的文章从头读到尾，大声嘲笑其中一些短语或想法。全班同学都笑得前仰后合，而那时我只有一个想法：做一个隐形人。这让人无法忍受，因为我的文章很长……

因此，幽默的作用可以是融合也可以是排斥，幽默的人和漫画家都知道这一点。根据讨论的主题，他们的想法或多或少会被正确理解（这个词是恰当的）。他们会嘲笑社会上一些值得批评的东西，嘲笑一些他们想谴责的东西，这并不是一件坏事；而不恰当地"嘲笑"一个群体或某个人，可能是非常伤人的。

自以为了解别人

很多人，或者几乎每个人，在某些时候都认为自己知道对方在想什么。很多人会说："我知道你要对我说什

么……""我知道你在说什么""我知道你在想什么""你
会相信……""我事先知道你会告诉我什么""我知道如
果我告诉他，他会怎么想"等。但事实是，没有人是预
言家，即使你有非常敏锐的直觉并且十分了解某个人，
能预测他的一些反应，他也可能会不太愿意接受这一点，
并以一种你可能不喜欢的语气反驳："即使你知道答案，
也不必告诉我。"如果这种情况反复出现，双方的关系可
能会变得有害。你只是根据你的世界观进行猜测，但你
其实应该确认自己的直觉是否正确，否则就这个问题进
行交流有什么意义？

　　最糟糕的是，当你的对话者表达了一种情感（可能
他为此付出了很多努力）时，你说："你不能为此感到悲
伤，这是不值得的！我很了解你，向前看吧！""停，你
不能这么说，这不像你！"这完全是对对方所经历的事情
的否定，他之后很有可能不会再和你同步并分享他的感
受，因为他感觉被否定、被误解。如果每个人都因为害
怕破坏关系而对这种互动保持沉默，那么这种互动方式
就不会改变，并且会一直对关系产生影响。

双重信息

你可能会向对话者发送所谓的双重信息，你的意识部分仿佛"在间接传达你真正想说的话时闭上了眼睛"[4]。这是一种"表里不一"的沟通方式：你的语言和非语言相互矛盾，而这好像是你有意造成的，你知道非语言沟通是不会说谎的。有了一个双重信息时，你会"告诉"你的对话者："有些事情我不能或不想清楚地告诉你，你可以通过我的面部表情、态度或手势来观察得出，我要求你理解我真正想说的话，即使我表面上说了其他话，甚至说了与我的真心相反的话。"这种情况如果频繁出现，沟通将变得非常不稳定，因为沟通中一共有两种信息，一种是真实的，另一种则不是。似乎只有明确的信息才允许被说出："好吧，我和你想的一样。你这么关心这件事，而我想保护我们的关系。"而隐含的信息则与明确说出的信息完全不同："你让我厌烦，你不接受任何矛盾，但我害怕冲突，所以我只和你说你想听的。"比如，一种间接的交流可以表现为以下情形：告诉你的朋友，你很高兴那天晚上和她一起出去（明确的信息），然后不带微笑，环顾四周（隐含的信息）。情形中包含一个非常明确的隐含信息，如果这对她有利，她可能会相信你说的话，但她也可能没有观察到你隐含的信息，或者没有考虑到这些。

这种互动看起来是安全的，有这种互动的关系在短时间内不会变得有害。因为这种沟通方式通常不会经常出现。为了在一段关系中感到安全，每个人都必须维持自己的身份和角色，接受自己的现状。然而，双重信息来自分歧甚至是潜在的冲突，或者至少是改变行为的强烈期望。

双重约束

"如果你做了某事，我不会原谅你；如果你不做某事，我也不会原谅你。"无论对话者是否做某事，结果都是一样的：不会被原谅。这就是双重约束（也被称为"双重联系"或"双重束缚"）在生活中出现的形式。双重约束有可能破坏关系的稳定性，给一段关系带来真正的危险，因为上文中的指令（命令）是自相矛盾的："矛盾的指令以命令的形式出现，这种命令本身就包含矛盾，以至于它所针对的人无法给出令人满意的答案。"[5]对话者总是错的，不管他做不做某事。

一个男人对他的同伴说："我们去度假的时候，我希望你偶尔也开开车，这样我们就可以轮流开车。"如果他的同伴提出想开车，他会回答："不，我宁愿一直是我开，你不习惯走高速公路。"而如果她不主动提出开车，她就会因为没有开车而受到指责。这种人其实是在说："我希望你做出这样或那样的行为，然后我通通拒绝。"无论如何，他已预设她"完全错了"。

一位母亲和她18岁的女儿之间的矛盾对话也说明了这一点。

母亲："亲爱的，你现在长大了，我希望你负责些自己的事，至少洗一下衣服。"

女儿："好吧，让我看看怎么操作这台洗衣机，洗自己的衣服。"

母亲："等等，你别那么卓率！你必须注意，有些衣服的面料很容易破损，你知道的……"

女儿："正好，你教我吧。"

母亲："好，但你能按颜色和材质把衣服分类吗？"

女儿："好吧，打住，妈妈！你真的想教我吗？"

母亲："当然，但我不知道我能不能相信你，我不想你把事情弄得一团糟。"

女儿："好吧，那你就继续帮我洗衣服吧，别再让我自己洗了。"

在这次交流中，女儿得到两个相互矛盾的命令：洗衣服和不洗衣服。这是一个双重约束，她也许可以摆脱这个双重约束，但实践起来没那么容易。

这里还有一些例子："我希望你能告诉我你的感受，但你知道我很敏感，有些事情最好不要告诉我。""你可以随时和我交流，但有些事情我不想听。""你可以随心所欲地做事，但我想你也不愿意伤害我吧？"

我们该怎么做？事实上，这显然不是一道选择题。你最好退后一步，什么也不回答，什么也不做。通过说原因来转移话题，这种对抗形式不会令人感到愉快，但会让你有理由思考明显的（有时是无意识的）恶意。无论哪种关系，对话者可能都不知道，冲突的风险会随着沟通的增加而增加。

第 6 章

不建立有害关系的
方法

"战争不是为了土地，而是为了语言。"

—— 阿瑟·库斯勒（Arthur Koestler）

　　我们有时会在维持关系方面制造问题，下文我将描述一个简单的问题如何变得复杂，以及我们应该怎么避免这些情况。请各位读者思考如何应对、解决这些常出现的问题并拥有良好的关系。

第 1 节
怎么避免制造问题

■　■　■　■

不对困难视而不见

有时我们会对困难视而不见。的确，有些信号有时极其隐蔽，以至于我们很难察觉。如果你发现它们了，那可能是你的感觉在提醒你。但大多数时候，你在面对困难时会拒绝问自己问题，也会拒绝听从自己的直觉。你更喜欢"我什么都不知道，也不想知道"的舒适感，会把自己的感觉抛在脑后，认为"没什么大不了的"。你会尽一切努力让你自己相信你经历的一切符合你的期望，但与此同时，你对现实的解释却越来越不准确，这种态度被视为故意忽视困难。然而，你的感觉应该提醒你，因为正如保罗·瓦兹拉维克[1]所说，在成为"可怕的简化者"方面，你有一种伟大的天赋。喜欢简单的东西极为常见，比如你可能会拒绝正确感知某个人的非语言表达，因为你们之间的沟通存在某种困难。也许他和你一样，你们对困难有一种回避反应，你们会逃避它，因为当它变得让人越来越不舒服时，待在自己的舒适区、不理会这些问题会让你更舒服。

你说服自己相信你没有预见任何事情会发生，因此不去问自己太多问题。事实上，你否认自己的烦恼、失望、担忧或挫折，更不用说对对方语言（包括语言和非语言）的误解，毫无疑问，对方也在否认。或者，由于双方都有责任，所以在你们见面时或见面后，你故意拒绝承认你在这次沟通的过程中发现了什么"不对劲儿"的地方。人们更倾向于相信"它会过去的"或"它会解决的"。在这种情况下，你可能会想："如果我不想看到这个问题，它就会消失或自动解决。"不幸的是，后面发生的事将证明这种想法是狭隘的。

因为这个问题不是凭空而来的，即使你拒绝处理它，它也不会自动得到解决，或者你认为这个问题并不像看起来那么重要，又或者你没有想到解决问题的办法。这也许没什么大不了，但你最好仔细观察这个问题，因为你可能会制造一个真正的问题，从而使一段关系变得有害。小看某个问题会产生以下影响：① 你不想看到或听到关于问题的警报信号；② 你淡化了问题的意义或重要性；③ 你或多或少地忽略了产生问题的原因；④ 你认为自己无力解决问题（尽管很多事情能否得到解决都取决于你自己）。

罗南和席琳已经恋爱好几个月。有好几次，席琳看到罗南突然变得愤怒，他大声说话，话里还带着一些辱骂他人的词。由于她认为这与她无关，所以她没太在意罗南的这个特征。直到有一天，罗南为了一件她觉得不值一提的小事对她大发雷霆，她觉得罗南可能累了，所以没有理会他的怒火。但罗南越来越生气，他毫不隐藏自己的任何负面情绪，喊叫声越来越大（她形容他"就像间歇性喷泉一样"）。她不知道该怎么办，她叫他不要再用那种语气和她说话。在日常生活中，他们关系很好，毫无根据的愤怒不会毁了这一切。罗南没有回答，他继续生气，无视席琳的话。席琳在他们之间立了一个"盾牌"，这样她就不会受到太多的伤害，但这远远不够。她总是告诉他，他有权对她或其他人生气，但有几种方法可以解决这个问题。而他像牡蛎一样紧紧封闭自我，不改变自己。他甚至惊讶于她有时会对他感到"不愉快"。席琳很失望，她害怕他突然的爆发，也不想听他说话。最让她恼火的是，他不肯听她的话，也不肯改变表达愤怒的方式。有一天，她非常简短地对他说："我要离开你了。我可能还爱你，但你没有做任何事情来解决你的愤怒问题，我对此无能为力，我再也受不了了。我无法想象怎么和一个不在乎他的愤怒会对我产生何种影响的人一起生活几十年。你不想听我说话，那么你以后再也不用听我说话了。"他简洁地回答道："你不懂我。"他们再也没有见面，席琳也告别了这种恐惧。

在这种情况下，罗南不想面对现实，他可能认为是席琳应该适应他，而不是自己改用更温和的方式表达愤怒。罗南对问题严重程度的低估制造了一个真正的问题，他忽视了解决这个问题的方法。罗南表现得像个"加害者"，而席琳拒绝继续成为他的"受害者"。他为此付出了高昂的代价，因为他深爱席琳。

不夸大一个简单的困难

与上一种情况不同的是，一个简单的问题有时会被解释为一个严重的问题，这就是所谓的夸大。有些人很焦虑，他们善于把一个小插曲变成一场真正的悲剧。他们有时指责自己是问题的罪魁祸首，让自己非常内疚，或者与之相反，让别人为此负责。

"当我们 5 岁的儿子发烧超过 37.5℃时，他的母亲呼叫了医疗急救队，在医生到来之前她几乎要晕倒。尽管我向她解释她可以第二天带孩子去看医生，但这是徒劳的，她还是很惊慌，我则没那么担心。然而，这对我们的关系产生了负面影响。医生告诉她没有什么可担心的，用普通退烧药就可以让孩子退烧。对此，她非常生气，对我大发雷霆，指责我没有'让她平静下来，让她安心'。"

这种过度紧张被视为夸张的表现之一，它在任何关系中都非常有害。然而，有时为了给生活带来一些刺激，为了自己和伴侣，一些人故意采取这种令人疲惫的态度。夸张把一切变成问题，在夸张的人眼里，似乎没有什么是简单的，平静和轻松不是他们世界观的一部分。这些人觉得周围的人都在受苦，他们害怕"危机"，想尽可能地免于受苦（因为他们都是"受害者"），但在他们的生活中，总有像尘埃一样的问题将成为"大场面"的下一个主题。无论是否发生了什么情况，所有的情绪都会被夸大：悲伤变成严重的抑郁，愤怒变成致命的暴怒，快乐变成难以言表的幸福，恐惧变成骇人的惊惧。无论在语言上还是在情感上，这些人都在用他们极端的"过滤器"解释任何事情。他们或许有糟糕的童年，因此会觉得必须对未来做最坏的打算。当你认为任何不愉快的事都会变成悲剧时，你又如何保持一段平静的关系？毕竟保持一段平静的关系需要爱和勇气。在交互分析中，有一个名为"这太可怕了"的心理游戏，它完全符合上文描述的运转机制。不管话题是什么，参与心理游戏的人的第一句话都是："这太可怕了！"这就是在没有问题的地方制造问题的方法，也是那些非常焦虑的人经常做的。他们抱有这样的信念："幸福永远不会持久""一切顺利时，往往有隐藏的瑕疵"。例如，如果一个女人不相信她的伴侣完全忠诚于她，其影响是非常严重的：她生活在被抛弃的恐惧中，把他们的关系建立在她脑海中毫无根据的恐惧和嫉妒的场景上，直到和伴侣分手。那么，你觉得她在这段关系中是"受害者"还是"加害者"？

放弃错误的解决方法

认识到问题存在后，放大问题或制造其他问题会使问题一直存在，这是在坚持一种不能解决问题的方法。保罗·瓦兹拉维克称之为"做更多同样不起作用的事情"。就像我们不可能通过每顿饭都给孩子吃菠菜来让他喜欢菠菜一样，这是徒劳的努力，最终会在一段关系中播下有害的种子。

格雷戈里债台高筑，他贷款买了他梦寐以求的车，但实际上他很难负担这辆车的费用，他每月要支付的账单太多了。后来，他又借了一笔贷款来还清第一笔贷款，这让他暂时如释重负，直到再次因更高的利息透不过气来。他不断"拆东墙补西墙"，这让他付出了更大的代价。他没有告诉他的妻子这件事，因为他感到羞耻。结局是他卖掉了梦寐以求的车。积累越来越多的债务并不是正确的解决问题的办法，因为他这是在"做更多同样不起作用的事情"。他的伴侣敏锐地观察到他半夜的不安和一些反常的情绪波动，但她什么也没问。她也在"做更多同样不起作用的事情"，因为所有的信号都表明格雷戈里遇到了大麻烦。她本来可以轻易解决这个问题——她有足够的钱。直到他无法隐瞒自己把车卖了的事实，只好把一切都告诉了她，而她生气于他没有早点儿告诉她。此前，两人对此都选择了沉默，为此他们的关系遭受了很长一段时间的影响。

如果你在与对方交流时遇到了困难，你可以通过注意以下几点来避免将问题严重化。

- 避免否认困难；
- 避免夸大困难；
- 相信你能和对方一起理解正在发生的事情，并找到解决方法；
- 如果现在使用的不是正确的解决方法，那就换一种。

这样，一段关系就不会变得有害。

第 2 节
阻碍交流的信念

■ ■ ■ ■

"一种信念只能向我证明'信念现象'的存在，无法证明其内容的真实性。"

——卡尔·G. 荣格

影响一段关系的另一个因素是每个对话者的信念，其影响非常大，但比这更重要的是你在潜意识里花了很多时间来确认和加强这种信念。

限制性自我信念

如果能用一句话概括限制性自我信念，那将是"我有问题"，这种问题从身体、精神、智力和道德的各个方面、以多种方式表达。没有人是完美的，因此你没有必要通过贬低自己、批评自己或其他方式证明自己"一无是处"。更重要的是，在你不再坚持这种态度之前，这种（未经证实的）对"我有问题"的确信决定了你会采取被动和顺从的态度，并鼓励你在言语或行动上对他人（成为他人的"加害者"）和自己（鞭笞自我，成为自己的"加害者"或第一个"受害者"）采取攻击性行为。这会严重影响你与任何人的沟通。

缺乏自尊

缺乏自尊（"我做不到"）会让人对自我破坏和自我实现做出假设，这些假设表明你对自身价值的重视程度很低。如果你认为自己不值得被爱，你就会（无意识地）做很多避免被爱的事情，这就是限制性的自我信念的力量。每个人都有自己的局限性，没有必要再深化这些局限性。更重要的是，当你仔细观察你内心深处的事物时，你会发现自己的潜力和优点。既然如此，我们为什么还要不断指责自己，甚至诋毁自己呢？如果你不爱自己，你会发现自己很难被爱，因为你没有给他人树立爱你的榜样。有时你会表现得像个"加害者"，相当咄咄逼人；有时你会表现得像个"受害者"，发现自己"真的很不幸"。下文例子中的 A 与 B 就是如此。

A："我喜欢你的新发型，它很适合你。"

B："为什么这么说？你以前觉得我很丑吗？"（"不管我做什么，我都很丑。"）

不幸的是，这个例子不是开玩笑。不管别人对你说什么好听的话，你都总能找到一个"好理由"反驳对方。这种情况可以说是你不相信他，也可以说是你不受欢迎、他表现得像个"加害者"。在下文例子中的 A 与 B 就是如此。

A："你在重读巴尔扎克的书吗？"

B："是的，怎么了？"（"她认为我是个傻瓜吗？也许她是对的。"）

如果一个人处于自我贬低的状态，这会自动导致他与他人产生沟通困难，并且他可能会犯一些典型的沟通错误。

● 如果当前谈论的话题让你不舒服，你会突然改变话题。

- 你不会错过任何一个贬低自己的机会，并嘟囔着抱怨（这时你处在"受害者"模式下，如第4章提到的"流泪型或恳求型"）。

- 你倾向于玩"是的，但是……"的心理游戏。

- 你没有真诚地表达自己，因为你把自己隐藏在陈词滥调背后。

- 你不愿发表意见或做出承诺。

- 有些时候你保持沉默，因为你害怕自己表现得很无趣，或者说一些愚蠢的话。

- 你无法忍受那些使你具有攻击性、产生心理不适的矛盾（你进入了"加害者"的角色）。

- 你用愤世嫉俗和嘲笑的态度谈论自己，你的悲观无处不在。

这样的人表现得好像希望被拒绝。

限制性自我信念和帮助性自我信念

限制性自我信念会引发恐惧，比如，"没有人会像我这样爱别人"，也经常伴随着带有嫉妒的自我贬低，如"我运气不好，而别人恰恰相反"，以及带有内疚感的自我贬低，如"一切都是我的错"或其他形式的贬低。而你只需要让内心的声音安静下来，在治疗中建立一种良好的自尊来停止激怒他人（他人的同理心是有限的），比如不再说咄咄逼人的话（他人的耐心也是有限的）。我们仍然可以从拥有限制性自我信念的人的人际关系中找到"加害者"和"受害者"。你对自己的消极信念会伤害你的人际关系。

拥有限制性自我信念的人会有如下表述。

- "我一无是处，没有人会爱我。"
- "我必须永远保持善良才能被爱。"
- "我必须保持好脾气才能被爱。"
- "我没有说'不'的权利。"
- "我一文不值。"
- "我没有犯错的权利。"
- "我无权顾及自己。"
- "我无权抱怨。"
- "我必须毫无反应地忍受一切。"
- "我不重要。"
- "其他人比我优秀。"

我们可以用下文中的帮助性自我信念代替限制性自
我信念。

- "我有价值。"
- "我可以相信自己的情绪。"
- "我有权犯错。"
- "我不是一定要完美无缺。"
- "我有学习的能力。"
- "我可以被爱。"
- "我可以说'不'。"
- "我不需要为了别人牺牲自己。"
- "我有权表达我的感受。"这是一种很重要的信
  念，因为"表达自己的感受就像把太阳前的乌
  云吹散，让花朵绽放"[2]。

基于你的人生经历推知，你的自尊可能没有被很好
地建立。因此，"一个人要么屈服于他的经历，要么通过
使用它来摆脱它"。这是你的选择：要么被迫重复，要么
摆脱一切约束[3]。

对他人的限制性信念

当你对他人的信念（先入为主的信念）受到限制时，影响关系的有害因素就会滋生。因为在你看来，对方是一个"不对劲儿"的人，你再一次对所有可能存在的细微差别做出断言。你认为对方"应该"像你一样思考，有和你一样的品位和兴趣，若不然，你会说"他不值得我对他感兴趣""我不能相信他""他不会理解我的感受"，等等。你贬低他，因为他对别人缺乏洞察力，就像那些被自我信念所引导的人一样。但是如果你确信你"所有"的想法都是正确的，并且你不能忍受矛盾，那么你为什么还要和他保持关系呢？下文的例子就体现了这一点。

A："我很高兴，我找到了一个非常适合我的合唱团！"

B："但那有什么用呢？你会有太多的出场限制，而且你对唱什么歌没有发言权……"（*"她太可笑了，我不相信她有一副好嗓子！"*）

或者如下文的例子。

A："你看，我换了新发型！"

B："说实话，我更喜欢你之前的发型……"（*"她真没品位。"*）

如果处在关系中的人（通常指"受害者"）对"加害者"忍气吞声，这种关系往往很快会变得有害。那么，忍气吞声唯一的优点是让关系存在吗？在我举的这些例子中，关系中的双方最终都不再交往了。我们由此得知，每个对话者都会选择关注他们想在对方身上看到的东西。完美是不存在的，"缺陷"总有可能被发现，反之亦然，比如，有些人把他们的对话者捧得过高，以至于对话者因达不到期望而形象受损。爱一个人就是接受他的不完美。尤其是在很多时候，你不喜欢的其实是你自己不喜欢的东西，而不是对方……我和我的病人已经检验此观点近40年，并且我不是唯一这么做的人。

如果你认为"一个人不能相信任何人""人是危险的、愚蠢的、邪恶的、自私的"，那么你将很难与他人进行自然的交流。在交流时，你会处于防御状态，很难谈论过于隐私的话题。然而，如你所知，恐惧是关系恶化的常见原因。

下面列举一些对他人的限制性信念。

- "他一无是处。"
- "我不必向他解释，因为他是不会明白的。"
- "如果他的想法和我不一样，我可能会怀疑他的智力。"

- "他只是因为对我感兴趣而和我在一起，我不能相信他。"
- "朋友、夫妻之间必须把一切都告诉对方，不能有所隐瞒。"

有关男人和女人的信念有时是如此局限，以至于一段关系几乎注定失败。如果关系中的双方说着"所有的男人都是……""所有的女人都是……"你可以想象，双方永远不可能有良好的沟通，这些信念只会导致关系恶化。

对关系的限制性信念

你对外界的信念是由期望和其他因素组成的。然而，嫉妒和欲望有时会与需求混淆[4]。当你最大的期望没有得到满足或没有得到充分满足但你仍在期待时，这种期待就是徒劳的，你会因此体验一些非常不愉快的情绪，而且这些情绪会不断累积。如果你不敢清楚地表达你的要求或愿望，你会越来越沮丧和失望。总有一天，你将无法控制自己在与他人交流时的情绪，你会爆发出怒火，这时你选择成为"加害者"，你的态度会变得越来越不友好，但你内心的不愉快却不会被理解；或者你会变得悲伤，这时你将站在"受害者"的一边；抑或两者兼有。然而，大多数人并不清楚他们对一段关系的期望是什么。比如下文中的 A 和 B。

A："我希望一段关系好好的……"

B："是的，我想是这样的。但'好好的'是什么意思？你知道一段怎样的关系才算好好的吗？"

A："好吧，是见面时彼此很开心？"

B："答案在于你。那么除此之外还有什么？"

A："嗯，我也不知道……彼此说真话？"

B："是的，然后？"

A："你给我出了个难题。"

B："所以我建议你好好思考一下这个问题。"

与家人、朋友、伴侣、孩子、同事等出现关系方面的问题时，很多人会选择向医生寻求帮助。上述对话是在治疗问题的过程中会出现的典型场景。

我邀请你来做这项研究，请拿好纸和铅笔。如果你在人际关系中偶尔会感到不舒服，问问自己你有哪些期望没有得到满足，然后问自己对它们的重视程度（如果关系中的一个人从不对你说某些话，从不为你做某些事，会发生什么）。

我想帮助你回忆你对一个人感到不舒服的时候，你会发现，你的情绪会引导你，因为在那一刻，你肯定知道自己错过了什么，反之亦然。想想那些你觉得和这个人在一起很舒服的时刻，找出原因，你就会知道自己的哪些期望得到了满足。

完成你的期望清单（因人和情境而不同）后，按重要性对期望进行排序（有必要确定它们的先后次序，以便知道自己的第一需求是什么）。关于那些和你住在一起的人，如你的家人、朋友等，你也可以盘点一下自己喜欢他们的哪些特质。这是一个练习，它不受任何一方的影响，也不带有恶意，可以让你了解一段关系是如何变得有害的（因为你或你的对话者的某些行为）。你会发现，原因往往是对每个人对期望缺乏认识：你既然忽视了期望，又如何满足期望呢？

这些期望反映了你对"什么是一段好的关系"的信念。例如，一个男人相信"在夫妻关系中，彼此必须告诉对方一切"，他的期望是完全不现实的。"告诉对方一切"并不意味着"我告诉你我正在和你说的正是我打算告诉你的……"这就是所谓的"奶牛笑了"（嵌套效应）。比如，在奶酪盒上，我们看到一头微笑的母牛，这头母牛戴着一对耳环，而这对耳环的图案正是奶酪盒上微笑的母牛，在这上面我们又可以看到母牛及它戴着的那对耳环……

有些信念过于理想化，比如"我们是一体的""我们必须在每一个话题上拥有同样的想法和感受，一起做每件事，有同样的活动、同样的朋友、同样的节奏""如果我们彼此相爱，我们就会像读一本打开的书那样阅读并理解彼此""我们不应该为维持一段关系而努力，当我们相爱时，一切都是不言而喻、自然而然的"等，你很清楚了解你的信念和你在人际关系中的期望有多么重要，因为只有这样，它们才不会因失望、悲伤和挫折而变得有害。

事实上，一些期望被视为他人必须履行的义务或他人强加给自己的义务，因为在一些情况下，你显然对自己有所期望，比如，"如果我爱我的妹妹，我必须把她的愿望放在我的愿望之上""如果我想成为别人的好同事，我每天早上都要带奶油泡芙"，等等。内疚感总是萦绕在你身边，有一天你也会对自己说："我为别人牺牲自己，他们认为这很正常。"这也是一个制造问题的好方法。同时，你也要提防与你的信念直接相关的感知：在等待感知的过程中，你看不到它们从何而来。如果你把注意力集中在对你来说需要关注的、象征友谊和爱的标志上，你就会忘记自己得到过什么、别人给了你什么，而这些正是你所关注的、象征友谊和爱的标志。这时，如果你指责别人没给你任何东西，别人会大吃一惊，并且会因此感到受伤。

某些确定性可能会损害你的人际关系，这主要有以下四个原因。

- 它们有时涉及不切实际的期望。
- 它们没有考虑到世界观的差异。
- 你经常将期望与需求混淆。
- 你认为只有你知道如何"好好"地爱和"好好"地维持关系。

以下是一些存在于想象中的期望（动词"爱"适用于所有类型的关系）："友谊必须持续一生""爱是永恒的""当我们爱一个人时，我们可以随时为他付出""当我们爱一个人时，我们必须欣赏他的一切""当你被爱时，你是对方最重要的人，你被放在首位，比任何人、家庭和工作都重要""如果我们相爱，就不会存在任何问题""如果我们相爱，就必须把一切都交给对方"，更不用说对每个人义务的要求和禁令了："如果我们相爱，我们就必须……而不能……""如果我爱你，我必须……我不能……"。因此，"人们内心深处隐藏着挑战逻辑的情感和信念，更糟糕的是，这些情感和信念可能会扭曲他们判断一些事物是否符合自身利益的能力"[5]。这样的信念最终会使一段关系变得有害：总有一天，它们会唤醒在你体内沉睡的"加害者"或"受害者"……

在这种情况下，你的需求往往与你童年时的需求相似：无论朋友、伴侣、同事还是父母或其他家庭成员，都不必像对待孩子一样照顾你。（无论如何，你撑不了太久的！）周围的人认为你是一个负责任、独立且情感成熟的人，能表达自己的需求，这使你的人际关系变得融洽，甚至变得有益。你不需要像孩子那样被给予那么多的关注，也不会把幸福寄托在别人的"照顾"上。你自己要为此负责，因为它的结果取决于你。这样做很有益处，它让你不会因为过度的情感依赖而梦想一段亲密无间的关系。

导致过度情感依赖的信念

有些信念对一段关系的发展来说很危险。它们源于关系中二者融合的需要及占有欲和排他性："我的女儿就是我的一切，没有人会像我一样爱她，我经常告诉她这一点""我和我的伴侣是我中有他的，他是我的一部分""友谊是不可共享的"。这种关系由一个关系请求者和一个"依赖对象的提供者"[6]组成，他们可能会相互依赖：一个人不能没有另一个人，反之亦然。他们带着某种确信，会下意识地说："我需要你需要我、依赖我。"双方都对彼此的幸福负责，必须满足彼此的所有期望，这样，他们会觉得自己的存在是有意义的。然而，最重要的是，他们（对他人和自己）的要求很高。这些要求若得不到满足，将开启"加害者"和"受害者"模式，"最后一滴水"将从沮丧和失望的泥潭中流出。

渴望好好地被爱是很正常的，这是一种需求。缺乏与满足需求相关的要素，使这种需求变得危险又难以忍受。在这种信念下，需求是不可能被满足的，因为关系中的双方都无权为自己而活，无权照顾自己，无权在这个"恶性循环"之外拥有依恋关系，无权在没有对方的情况下进行一项活动，等等，这些行为将被视为背叛、缺乏爱，甚至是不忠（嫉妒被错误地视为爱的证明，它主要表现为缺乏自尊，只有在对方真正做出背叛的行为时才不是如此）。

过度情感依赖者的信念是："没有他，我什么都不是，我将不复存在，我无法快乐，我的生活不再有意义。"[7]记住，随着时间的推移，依赖某物的人通常需要不断拥有更多该物品才能产生预期的愉悦感。随着时间的推移，这类人对爱的标志（友谊、孝顺）的渴望或要求越来越强烈，最终演变成虚幻、不合理的要求。日复一日因要求未被满足而产生的愤怒没有被传递给对方，直到情绪不受控制地爆发，这段关系变得有害。处于这段关系中的人没有意识到，想与对方成为一体既不是爱，也不是友谊，只是一种巨大的需求，一种对童年的补偿。这些人认为自己孩提时代没有好好地被爱，或者他们确实没有好好地被爱。只有通过交流，这些人才能意识到问题所在。他们必须思考彼此的需求是怎样的，不论这会令他们快乐还是忧伤，这将引领他们进行探索。最重要的是，他们会更好地了解对方，而这对维系他们未来的关系很有帮助。

对生活的限制性信念

对话者对生活的普遍看法可能会损害他们的人际关系。我认识一个从来不笑的人，他不能忍受别人的笑声，尤其是大笑声。一有人笑，他就会生气，并严厉批评他们。他说，必须认真对待生活，保持严肃，因为"没有什么是安全的""好消息过后就是坏消息""生活并不容易""生活很不公平""人们并没有意识到那些会对他们造成威胁的危险""我们不是来享受美好时光的""快乐没有什么意义，它不会一直持续"，等等。悲观主义可能会使一段关系变得有害。

如果你对生活的信念是限制性的，请记住，生活既不是完全公平的，也不是毫不公平的（这一观点仅适用于人类），甚至连死亡也是如此。你的存在往往反映了你对生活的态度，是的，快乐和不快乐的时刻会接踵而至，但这难道可以成为我们对周围及对这个世界上所有美好事物视而不见的理由吗？

我们现在很清楚，因交流问题使一段关系变得有害有多么容易，也明白了自己是如何给关系带来这种不良影响并在没有意识到的情况下维持一种"加害者"和"受害者"的关系的。因为我们是人，所以会犯错。交流是潜移默化的，有时你会为此付出代价，因为没有人告诉你该怎么做。现在你知道了，你能给你所爱的人、你的孩子（如果你有），也许还有孙子、孙女最好的礼物就是通过一些心理游戏教会他们如何与他人交流，比如你可以通过设计一些戏剧、交互场景等做到这一点。我相信你会有所收获。因为如果你读了这本书，你就会明白，沟通对保持一段良好关系的重要性（首先是与自己保持良好的关系）。

第 7 章

既不是"加害者"，
也不是"受害者"：
一切顺利，一切
都好

小王子问："什么是'驯化'？"

"这是一件经常被遗忘的事情，"狐狸说，"意思是'创造关系'。"

——安托万·德·圣埃克苏佩里

你现在知道了，你可能会不由自主地制造一种有害的关系，扮演"加害者"或"受害者"的角色。好消息是，你可以改善你与自己或别人之间的关系。这两者是相辅相成的，因为"没有人能与他的邻居建立联系，除非他先与自己建立联系[1]"。

第 1 节
如果你感到有压力

　　根据产生不适的原因，你可以对自己的不适采取行动。当然，这并不意味着你要在 1 小时内不下十次地对自己说"我没有压力"。你的潜意识会不知应如何应对，它听到了"我有压力"……我们有许多可供选择的方法，下面列举几点。

- 学会判断事件的严重程度，而不是忽视它们。并不是每件事都那么糟糕，你可以让自己的生活变得有意义。换个角度看事情你可能会得出不同的结论。你的免疫系统受你情绪的影响，你承受的压力越大（压力通过你的内在对话得以增强），这种压力发展得越充分，你的身体就越脆弱。你有足够的资源来找到解决方案，并从中找到乐趣。这么做时，你所有的乐趣都会复苏。你会重新获得能量（列出你从过程中得到的一切对获得能量很有帮助）。有时你要学会放手，因为你不可能把控一切。

- 如果出现一些让你非常痛苦的事（丧失亲人、分手、身患严重疾病等），你最好让心理治疗师帮助你渡过难关。你所爱的人会理解你与他人的沟通为什么不流畅、不轻松，因此，他们会在你身边支持你、安慰你、倾听你的声音。

- 如果你患有创伤后应激障碍，你应该咨询专业的心理治疗师，否则它将成为一种慢性病，这会使疗愈的过程变长。

- 如果你的不适是自尊心不强造成的，那么是你对自己的信念导致了这种情况。是时候让别人帮助你改变状况了，当你成为自己最好的朋友时，问题也许可以得到解决。

- 如果你的压力因他人的行为而生，那么除了必要的见面，你可以选择不再和他来往。如果他是你的家庭成员，你可以减少与他见面的次数（或者把他排除在你的生活之外，这取决于他对你的影响程度），并向他解释你的感受，或者通过与他人谈论此事来寻求帮助。

如果你对他人不友好的信念阻碍了你进行良好沟通，如果你发现你很难信任他人，请花点儿时间问问自己，在你过去的经历中，从你小时候开始，是什么让你产生了这些想法，比如失望、背叛（或类似的经历）、反复的挫折（问问自己为什么）、缺乏尊重、欺骗等。然后问问自己，你是否把过去遇到的人和现在遇到的人弄混了，因为你和其他人一样，容易被熟悉的事物吸引。如果你的家庭成员参与到让你产生这些想法的经历中，特别是如果其中有你最亲近的家庭成员（父母、兄弟姐妹），那么你可能需要接受治疗，以修复自己的童年创伤，让那个内心受伤的孩子只存在于你的过去。

如何停止把现在和过去混为一谈？学会把痛苦的情境放在正确的日期上。你可以在一张纸上画一条线，这条线代表你的生活（我们称之为"时间线"），从你出生那一刻开始，一直延伸到未知的未来。你在时间线的下方写下你的年龄，并把当时发生的不愉快的事件写下来。

```
_____*__*__*__*__*__*_____/_____>···
出生时间    8  10  16  24  30  40        现在          未来
```

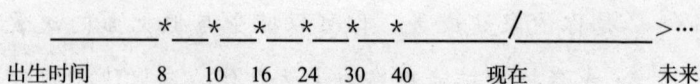

在时间线上用另一种你喜欢的颜色记录愉快的时刻（或者对你来说最重要的时刻）。

通过这种方式，你不再将过去和现在混淆。一旦你意识到你的过去是合理的，你就可以恰当地梳理你的关系。

第 2 节
通过你的情绪更好地了解你自己

■　■　■　■

　　"谁能比你更清楚你的需求呢？了解自己是最重要的。"

　　　　　　　　　　——让·德·拉·封丹（Jean de La Fontaine）

　　人类并不总是处于过度情感依赖的情况，但人类仍然相互依赖，至少在与自己联系最紧密的第一层人际关系中如此。这是非常正常的，因为每个人都需要爱和被爱。沟通在两个层面上进行：一个是有意识的层面，另一个是无意识的层面，这解释了很多时候你为什么会产生很难理解的情绪。因此，你应该花点儿时间来了解这些感觉，然后尽可能地表达它们。你最好让你的对话者了解你的敏感点和弱点，因为所有人都有弱点，除非他们是机器人。

为了尊重你的情绪，其他人必须知道你的极限在哪里（极限由你决定），否则他们要如何尊重它们？

命名并表达你的情绪

也许你周围的人无意中攻击了你，或者更确切地说，他们和你相处时采取的某些说话方式或行为方式让你觉得很有攻击性。在你看来，有些人非常独断，并且对你造成了巨大的精神影响（你却任由他们这样做）。有些人会无缘无故地生气和恼火，在这些情况下"加害者"和"受害者"之间建立了联系。你可以记录以下内容，以此来命名并表达你的情绪。

- 无论程度如何，你都会遇到一些令自己产生不愉快情绪的人，写下他们的名字。

- 在每个名字前面，至少记录三种你与他相处时感觉到不愉快的情境（如果写不出三个，就不需要把这个名字考虑在内了）。

- 对于每种情况，按从 1 到 10 的强度列出情绪强度（如果在命名情绪时词穷了，你可以参考附录中的情绪词汇表）。

很多人在人际关系中一点儿也不舒服，他们说自己害羞又保守。有些人害怕自己无力阻止他人对自己的过度影响，有些人则是要求太高以至于认为没有人与他水平相当，有些人非常焦虑或害怕亲密，有些人害怕卷入冲突，还有一些人则很沮丧并且不再相信一段关系，等等。有些人会首先逃避冲突（他们过去可能经历了太多冲突），然而没有冲突的良好关系很少见。有一些人，他们不善于沟通，他们与你玩耍、赢得你的信任，然后欺骗你，无论做什么他们都比你强，除非你有很强的自尊心，这样你就不需要取悦他们，否则你很难摆脱他们对你的影响。这里我再问你一遍这个问题：你真的有必要和他们保持联系吗？

如何避免成为"受害者"

一些"加害者"很快就能发现谁是"受害者"，他们可以通过解码"受害者"在自尊方面的特征来了解"受害者"。一些"受害者"在自尊方面存在如下特征。

☐ 习惯于为任何事道歉。

☐ 清楚地表现出极强的同理心。

☐ 过度的情感依赖，常说"谢谢""对不起""请……"，会寻找拯救者，持有一种带着很多抱怨和被拯救请求的态度；有时也会以一种拯救者的态度来寻求认可，认为自己对他人的奉献和帮助太多了。

☐ 容易轻信他人，在不了解对话者的情况下与他人讲述自己的生活。

☐ 有一种坦率或天真的、从青春期中期开始就应不复存在的行为举止……

☐ 认为没有人能过度影响自己，为了不暴露自己的缺陷否认自己与他人的（那些其他人一样会有的）局限性；把事实理想化，或者说想象中的自己比现实中的自己更强大。

☐ 缺乏自尊会导致他们觉得每个人都比自己强，为了使自己不感到孤独，容易过多地（或全盘）接受别人的安排。

□缺乏洞察力，容易被精心设计的关系技巧所吸引。

□对自己的本能和直觉视而不见，尽管它们早已发出警报。

因此，这些人请与自己信任的亲人、医生或心理治疗师谈谈自己的不适吧。

第 3 节
如果你想改善沟通方式
■　■　■　■

"语言是我们最取之不尽、用之不竭的魔法源泉。"

——J.K. 罗琳（J. K. Rowling）

　　在你读到的所有关于沟通困难的描写中，你可能在其中一个或几个描写中看到了自己的影子。欢迎来到真实的人类世界！重要的是，提升自身技巧、成为一个非常好的沟通者的方法其实有迹可循。我在前面的章节里提供了一些改进方法，下文中将介绍另一些。

对他人的内在态度

你有一个家庭（大多数人都是如此）和一些同事，你或多或少有一些亲密的朋友，也许你会和你深爱的人分享你的生活。保持这些联系真的很重要。社会生活是所有人都需要的部分，它至关重要。然而，"建立关系就是同意表达自己，处理或面对自身范围内的现实。它意味着能表达信念、愿望和期望。这需要谈论自己的经历，同时也倾听对方的经历"。[2] 你的精神和情感生活需要滋养，否则就会枯萎和衰败……基于这些原因，你对对话者的感觉（内在态度）是进行良好沟通的基础。你至少应该对你的对话者持有以下态度。

- 认为他是真诚的，能与你很好地沟通；你对他的善意会得到认同，因为他能感受到。
- 认为自己与他是平等的，没有人比其他人高贵或卑微。
- 表现出好奇心，以便更好地倾听他的声音，让他表达情感、想法（即使你不同意他的观点，他也有权和你一样思考他想要的东西）、期望、愿望等。你对他的关注就是你对他的期望。

　　我提醒你，潜意识交流是非常重要的。换言之，你的对话者潜意识里非常清楚你对他的感觉。这就解释了抱有真实和真诚的内在积极态度的重要性。

通过自我肯定保持良好的关系

　　当你感到舒适时，当你触及自己的潜在价值和精力时，你很容易肯定自我，这意味着你知道以下内容。

- 清楚而直接地表达自己的需求、期望、感受、想法，并且不必担心与他人的亲密关系会因此受影响（如果他们是你周围人的一部分）。
- 积极表达赞美、批评和拒绝。
- 采取一致的态度（你的语言和非语言沟通方式是一样的，你是真诚的）。
- 尊重他人的需求、权利和感受，这些是属于他们的。你甚至可以通过帮助他们表达自己让他们感到舒适。
- 维护自己的权利，承认自己的局限性，表现出尊重自己的态度。
- 如果有必要，在保持灵活性的同时与他人进行

"谈判"和讨论（注意避免沟通僵化，每个人都会从自己的角度出发来看待问题，也都是有道理的）。

- 参与沟通，以自己的名义说话，不要害怕他人的评判。例如，与其说"你告诉我……时很伤人……"不如说"当你告诉我……时我很受伤"。

- 谈论你自己，表达你的感受、想法、需求和欲望等。

- 如果出现分歧或冲突，最好共同寻求解决办法。

塔哈尔·本·杰伦（Tahar Ben Jelloun）[3] 写道："我喜欢直接、坦率、不虚伪、不妥协的关系。"这些特质可以避免一段关系变得有害。

自我肯定程度测试

□ 你站得笔直（但不僵硬），目不斜视。

□ 你直视对方的眼睛（你的眼神不闪躲）。

□ 你行动自如（你不像机器人般僵硬）。

□ 你不会停滞不前或退缩。

□ 你的声音平稳且清晰。

□ 你平静地呼吸。

☐ 如果需要解释，你会提出疑问。

☐ 你重新措辞，以确保自己正确理解了他人的意思："如果我的理解正确，你是在告诉我……"

☐ 如果没有收到反馈，你会要求对方给出反馈："我想知道当我告诉你……时，你对此有什么想法（感受）。"

☐ 你考虑到这种反馈是因为你很灵活（灵活性对任何良好的沟通而言都必不可少）。

☐ 当你谈论自己时，你会说"我感到……我认为……"而不是"我们……"（谁是"我们"）。

☐ 你知道如何提出要求和表达需求（"我想……""我希望……"）。

☐ 你可以很轻松地说"不"。

☐ 你知道如何回应批评（"这点我同意"或"不，这点我不同意……请给我举一个例子"）。你不会攻击或贬低对方（别人也许是对的）。

☐ 你知道如何处理冲突。

☐ 你知道如何表达自己的不同意见。

☐ 你知道如何信任他人。

☐ 你知道如何表达自己的愤怒（"当你在 Y 的情境

下谈论 X 时，我感觉到了 Z，我希望你注意到
这一点"）。

□ 你知道如何通过具体的例子对事情（不对人）
表达恰当的批评，而不是指责。

□ 当他人对你进行适当的赞美时，你会接受（拒
绝赞美是对进行赞美的人的侮辱）或很得体地
拒绝。

□ 你知道如何表达适当的赞美。

□ 你知道如何表达自己的情感（通过语言，尤其
是手势）。

□ 你知道如何在不侵犯他人的情况下表达自己的
情绪。

□ 你知道如何在不贬低对方想法的情况下表达自
己的想法。你尊重对方在交流中的 "舒适泡沫"
（很简单，如果对方后退了，那一定是你靠得太
近了）。

对于每一项，考虑到不同的人会有不同的表现，你
可以给自己打 1 到 20 分。你遇到的人不同，就会得到不
同的分数。这样你就会明白：

与谁在一起、在哪种情境下，你能自我肯定；

与谁在一起、在哪种情境下，你很难自我肯定。

问问自己为什么。

许多人没有自我肯定，而是通过抱怨或勉强的形式（作为"受害者"或"加害者"）提出要求。这非常令人遗憾，因为自我肯定是通往"受害者"心理游戏的大门，它将使拯救者高兴，使加害者愤怒。

以下是一些例子。

抱怨："你只考虑你自己"（加害者）或"你从不关心我"（受害者）。

要求："我希望你能多关注我，多关心我。"

抱怨："我有点儿迟钝或犹豫不决，但这不是我的错，我小时候从来没有人鼓励或赞美过我！"（受害者）

要求："我需要一些鼓励。"

抱怨："我宁愿保持沉默，否则你会被我过去所经历的痛苦吓到！"（受害者）

要求："我想和你谈谈我自己，谈谈我的童年，你愿意听我说吗？"

抱怨："你在家里什么也不做""我永远不能指望你"。（加害者）

要求："我希望在家务方面能指望上你。我们可以安排一下分工，你觉得怎么样？"

抱怨："我觉得自己像个傻瓜""你还记得我的存在吗"。（根据语气判断是受害者还是加害者）

要求："我希望你能问我一些与我的经历、想法和感受有关的问题。"

抱怨："你在公共场合一点也不尊重我！"（加害者）

要求："当我们被邀请时，我希望你在替我回复之前先征求我的意见。"

抱怨："和你在一起，我觉得我有了第三个孩子！"（加害者）

要求："你能自己去看医生，并用社保报销看病费用吗？"

当然，具体在请求时要考虑语气和情境，任何请求都不应该成为命令。

更好地倾听

尊重他人的感受和想法

许多人以谦虚或克制为借口，拒绝对方的情感表达（或完全改变话题），从而阻止对方表达自己。然而，"没有情感，就不可能把黑暗变成光明，把冷漠变成行动"⁴。阻止对方的情感表达切断了所有沟通，对话者感到被误解或审判。

请看以下对话。

A："你知道的，我很担心。"

B："担心什么？"

A："我觉得弗洛朗不再像过去那么爱我了，他离我越来越远，我感觉到……"

B："弗洛朗？他不再爱你了？你真可笑！你完全错了！我不认识比他更体贴的人了……"

A："也许是他和其他人在一起时比较体贴吧。但和我在一起时，我觉得他不像以前那样了……"

B："你在胡说八道。快点儿，别板着脸了，否则你说的话很快就会应验！"

A："你觉得他还爱我吗？"

B："这是显而易见的！别再说了，这不值得我们花时间讨论！"

A："你可能是对的，我一定是在胡思乱想，但是……"

B："嘘！振作一点儿！"

与其像上面那样对话，不如这样对话。

A："你知道的，我很担心。"

B："担心什么？"

A："我觉得弗洛朗不再像过去那么爱我了，他离我越来越远，我感觉到……"

B："是什么让你觉得他不再关心你了？"

A："他很少跟我交流……他看起来心不在焉，非常忧虑……"

B："也许他真的很忧虑，如果他不和你说话，是为了照顾你。"

A："但这是他第一次这样做，我不知道该如何看待这件事……"

B："你可以问问他是不是有什么烦恼，又是因为什么产生了这些烦恼。或者你不妨告诉他，你觉得他看起来忧心忡忡、心不在焉。你觉得这样做如何？至少你会得到答案，并且不再胡思乱想。你首先需要弄清楚发生了什么，也许你离真相很远……"

A："是的，也许……"

B："如果你告诉他你很担心，他可能会愿意告诉你他到底怎么了。我想你应该尽快向他表达自己的担忧，越早说越好。这样你就不会停留在模糊的忧虑上。"

帮助对方表达他的感受

分享自己的情感并不总是那么容易，这代表分享者信任对方。回应这种信任的最好态度就是帮助分享者表达自己。即使你认为他的感受与当下这种情境并不相称，也需要采取积极的回应态度。首先，他最好能分享他的感受。

孩子："妈妈，我害怕进大学校！"

母亲："你为什么害怕？"

孩子："我不太清楚……你知道吗，妈妈，我将有一个新老师……"

母亲："是的，那又怎么了？你到底想和我说什么？问问你姐姐，她读书时一切都很顺利！别再庸人自扰了！"

孩子："我没有庸人自扰……我只是害怕……"

与其像上面那样，不如这样说。

孩子："妈妈，我害怕进大学校！"

母亲："你害怕什么？"

孩子："我害怕老师，害怕同学，我也不知道，我就是害怕。"

母亲："我看得出你很害怕……到我腿上来。是这样的，我看出来了，是的，你在害怕……你这一学年的老师很和善，你喜欢她吗？"

孩子："喜欢。"

母亲："换老师你难过吗？"

孩子："难过。"

母亲："这很正常，因为你很喜欢之前的老师。你想在开学前去见见你的新老师吗？"

孩子："哦，好的，我很乐意。"

母亲："这很简单。我想，只要在开学前一天给学校打个电话就可以了。你会见到新老师，还能参观你的教室。你同意我们这么做吗？"

孩子："是的，妈妈，我很乐意这么做。"

母亲："好吧。现在，告诉我你今年会遇到哪些同学。你会和谁在一起？"

孩子："我想，尼古拉、大卫、席琳和莉莉和我在同一个班，也许凯文也会和我同班。至于其他人，我不清楚。"

母亲："我也许可以问问他们的父母是否同意让他们

和我们一起去见新老师。如果可以，我们一起去好吗？"

孩子："当然，这太棒了！"

母亲："好的，我会给他们的父母打电话，以便在开学前安排好这次参观。"

孩子："好呀，好呀！"

母亲："你现在感觉怎么样？"

孩子："我很高兴。我不再难过，也不再害怕。我可能还会遇到上一学年教我的老师……"

母亲："这很有可能。来吧，我们一起计划一下！"

在回答之前听清他人的请求

前文提到，不必要的建议和道德教训应该被禁止。

艾威格："嗨，法比安，准备好比赛了吗？"

法比安："准备好了，谢谢。我很高兴能和你共度下午的时光，这让我感到放松……"

艾威格："你不舒服吗？"

法比安："是的，我不太好……"

艾威格："你想谈谈吗？"

法比安："是的，可能吧……朱丽叶总是给我很大的压力，我需要透透气！"

艾威格："哦，天哪。你和她说了吗？"

法比安："不，我怕她生气。"

艾威格："我能给你提个建议吗？"

法比安："好吧，我听着。"

艾威格："如果你愿意，你可以非常温和地告诉她，有时候你需要一个人待着。这不是针对她提出的，而是针对你自己。也许她也有同样的需求，却不敢说出来。或者她有工作上的问题，却不想打扰你。有时候，我们只能提出假设。你最好说出自己的感受。"

法比安："谢谢，我看看我能做些什么。"

避免激起冲突

火上浇油是不可取的，比如下文的例子中出现的情况。

乔纳斯："艾威格，我受不了了！"

艾威格："怎么了？"

乔纳斯："关于玛丽安，自从她失业，她就变得很让人讨厌！"

艾威格："你为什么这么说？"

乔纳斯："她变得很敏感，对孩子们很不耐烦，而实际上并没有什么让她生气的事……"

艾威格："我知道你过得不愉快。我很了解玛丽安，这不像她的一贯作风。她一定很紧张，她可能害怕找不到工作。她什么也没告诉你吗？"

乔纳斯："不，我认为她不想谈这个。"

艾威格："你试过和她聊天吗？你有没有问过她找工作一事进展如何？"

乔纳斯："不，几乎没有……你知道的，我有我的工作，还有孩子们要照顾……她似乎也不想谈论这个话题。"

艾威格："她看起来若无其事，但这可能正是她有事的一种表现……你感觉到什么了吗？"

乔纳斯："我担心死了！我们有房子的贷款要还，是的，我还觉得有点孤独。我感觉一切重担都压在我身上，我必须面对一切，我不能再指望她了……"

艾威格："你需要独自面对什么？"

乔纳斯："一切！这显而易见，我需要独自面对一切！"

艾威格："这到底指什么？"

乔纳斯："我告诉过你，孩子们、工作……还有玛丽安的心情！她允许自己神经脆弱，我却无法忽略她的感受！"

艾威格："孩子们和工作并不是什么最近才需要应付的。"

乔纳斯："的确如此，但这种家庭氛围是前所未有……"

艾威格："你们俩分别都在经历一段艰难的时光，却没有想着陪对方一起熬过这段时光……你们每个人都在思考各自的恐惧……"

乔纳斯："的确如此……"

艾威格："当局者迷，旁观者清。我能给你提些建议吗？"

乔纳斯："当然，我正想听听你的建议。"

艾威格："我想，你们两个最好谈谈正在发生的事以及各自的感受。首先，这是一种让你们共同应对当下的方法；其次，如果你需要，我这周六可以替你照看孩子，这可以让你冷静下来，平静地和她谈谈。"

乔纳斯："这真是个好主意，太感谢你了。"

学会道歉

在冲突中，人们说的话往往很刺耳，并会在记忆中保留很长时间，随时准备出现在未来的小困难中。你最好知道如何翻开新的一页，如果对方被你的某些话语、批评或侮辱（当你或多或少地成为"加害者"时）严重伤害了，你要学会真诚地道歉。在涉及感情时，愤怒是一种很难控制的情绪。因为如果你深爱的人让你失望，你不仅会责怪他，还会开始怀疑自己的选择。你也会对自己生气，而这会进一步加深你对他的愤怒，形成真正的恶性循环。

认为说"对不起"很羞耻是严重的错误，它就像拒绝承认自己对冲突负有责任一样，二者都打着尊严受损的旗号做出了不合理的行为。只有当你完全诚实时，你才会可信。一句简短的"对不起"远远不够。

表明你意识到了自己的错误（即使对方也有错，但这真的不是提醒他们的好时机）和承诺避免这些错误很重要，这会防止你们的关系变得有害。之后，你可以换个话题，这作为一种和解手段，能让你继续快乐地编织彼此的美好故事。痛斥自己是没有用的，因为过多地关注出现冲突的主题会带来更大的风险——自尊心和虚荣心往往会给你提供糟糕的建议。

你请求原谅，对方接受你的道歉（或者不接受，他有权这样做，比如要求你给他点儿时间思考或独处），之后你就不应继续谈论这个错误了，除非冲突的余烬重新燃起，或者你的对话者有点心怀怨恨，想报复或惩罚你（他从"受害者"变成了"加害者"）。如果是那样，你不必忍受这种行为，这不是公平的。你知道你已经道歉了，你完全理解他的感受，你也知道你之前没有顾及他的感受（作为一个"加害者"），以后你会更加注意这一点。如果一切都没有改变，那么你可以考虑一下，对方是否真的想以一种成熟的方式来维持这段关系，而不是与你玩"权力游戏"。他或许需要时间来思考和恢复，这毫无疑问是一件好事，这将成为你以后可以微笑应对的另一段美好回忆。理想情况下，你应该避免反复道歉。

让对方知道你眼中有他

和你一样，你的对话者也想获得他人的关注。然而，某些沟通形式并不能使他们充分"存在"，具体包括以下几种。

- 当你的注意力不够集中时，你的回答会变得含糊。

- 如果他们说话时出现停顿，有可能是因为发言被打断、注意力分散、话题突然改变。

- "偏题"的回答可能暗示此刻正在说的话题不值得被考虑。

- 一些刻板的、冠冕堂皇的回答，即使并非出自你的本意。

- 含糊的回答（间接沟通），其中包含太多的细节、太多的暗示和难以理解的行话或术语。

- 似是而非的回答，这是在拆对话者的台阶。典型的形式包括对"你爱我吗"这个问题的回答是"什么是爱"，对"现在几点了"这个问题的回答是"怎么了？我迟到了吗"（或者更糟的回答——"你只需要给自己买一块手表"等）。

现在，倾听对方的声音，在他说话时接受他的观点并保持沉默，不要预设回答或发表内心的评论从而更好地倾听。倾听并不总是要求系统地表达自己的观点，更不用说有时你所表达的想法和感受是错误或不合理的。你不分享，自然就不会产生错误的感觉或错误的想法，除非你接收的信息中有明显的错误。倾听意味着你允许别人表达自己，而不是思考、感受他们的处境，并基于此替他们说话。每个人都以自己的方式解释自己的经历和自己对此的反应。倾听别人的声音并不意味着告诉他该做什么、想什么或感觉什么，除非他向倾听者提出了明确的请求或将倾听者的反馈视为（在倾听者的专业领域内）倾听者等待完成的任务。倾听他人，就是看着他，听他说，让他明白他对你很重要，并且你随时可以为他排忧解难。

这种倾听与自我肯定是一致的，能使人免于陷入一些不良沟通的陷阱。自我肯定意味着良好的自尊。试图将自己的意愿强加于人从而影响他人是没有意义的。

在以下情况下，可能会出现倾听和自我肯定。

- 整合良好沟通所必需的知识。
- 运用一些必要的沟通技巧（好奇心、灵活性、尊重）。
- 与自己的交流不会干扰与他人的交流。

知道如何拒绝交流

你有权拒绝开始一段对话，你不需要总是兴致勃勃，你也有需要安静、需要独处的时间来放松和思考，等等。简而言之，你不需要在任何时候都表现得很健谈，即使是和你爱的人在一起。你不必什么都说，每个人都有权拥有自己的秘密花园，在那里，没有人能看到你的思想、你的感觉、你的情感。即使是父母也不能完全看透自己的孩子。从某种意义上说，没有袒露一切不等于不爱或爱得少。无论什么年纪，你的内心世界都只属于你自己，你可以只在想要分享的时候将它公之于众。每个对话者都有属于自己的领域，想象一下，每个人都在一个泡泡中（有门和窗），泡泡之间由桥连接，你可以自行决定是打开一扇窗户还是打开一扇门让另一个人进来。

下面举一些例子，这些语句或回答可以帮你"拦截"对话者的追问。

- "妈妈，别逼我，我是不会和你谈论我的婚姻生活的。它属于我，我只会和本杰明分享。"
- "我不希望你问有关我的私生活的问题，并且无论如何我都不会回答。"
- "我觉得没有必要把一切都告诉你，但这并不意味着我把你排除在我的生活之外。我希望你尊重我的沉默。"

- "我决定不再以太亲密的方式和你谈论我自己，我担心你不会保守秘密……你把你所知道的关于我们共同好友的一切都告诉了我，所以请理解我。"

你也可以拒绝别人与你分享可能会让你感到尴尬的秘密，这是你的权利。过度亲密是不尊重对方"舒适泡沫"的方式之一。以下不是缺乏友善、爱或孝心的表现。

- "我希望你不要再和我谈论你和你丈夫的私生活了。听到有关他的一些事情，我感到很尴尬。这是你生活中不完全属于你的一部分，你和你的丈夫共享它，我想，如果知道我这么了解他，他也许不会高兴……"
- "我对这些秘密感到非常尴尬。你能向别人说这些事吗？如果你询问我的意见，你能省略一些细节吗？让我能理解这种情况即可，你不需要反复强调你父母的私生活，这些与我无关。"

有时你可能想与别人分享一些信息，并且不需要对方回答或给出建议，反之亦然。

当你的思想在捉弄你的时候

你的信念（大部分是无意识的）和思想（有意识的）直接影响你的内在状态和情感，这些影响有时是消极的。因此，为了不做"加害者"或"受害者"，我建议你注意以下几点。

- 尽可能多地检查你是否误解了自己的看法。

- 不要混淆自己和他人的责任。

- 不要一概而论，每个人都是独一无二的。

- 不要试图通过否认某些重要信息来简化一切。

- 对于你不想在自己或他人身上看到的东西，不要一味地否定。

- 避免过于简单化的、"非黑即白"的想法，有时，不同事物之间只存在细微差别。

- 避免对自己或他人做出负面评价，或者你要确认这些评价是合理的。

- 避免向自己或他人强加过于严格、不符合现实的规则。

- 避免未经证实的假设或先验。

- 不要认为你一定是对的或总是错的。每个人都有自己的观点，并且这些观点都有一定道理。

知道如何处理危机

"危机"一词源自"要做的决定"这一概念，这是一种关系失衡且需要改变的情况。危机不是突然出现的：它只能在未知或被忽视的问题的基础上产生。因此，发现危机时，必须做出决定，只有改变才能有效地处理危机。有一些方法可以改变你的沟通方式，让你适应痛苦、危急的情境（主要发生在你与孩子、家人、朋友、伴侣、同事的关系中）。危机情境的共同之处在于，你会有一种"不知道该做什么"的感觉，感到无能为力，不知道该做什么决定，觉得自己"陷入僵局"。每个人面对的情况不可能完全相同，每个人都是不同的，每个人都以自己的方式经历同样的事情，因此虽然没有解决危机的"绝佳方式"，但是某些行为对此多少是有帮助的。一旦做出决定并坚持下去，危机就可以被克服，它可能仍会留下一些痕迹，但强度已经和之前不同。最重要的是，你会知道该怎么做。

寻找共同框架

在讨论过程中（无论讨论的主题是什么），对话者们经常被分歧所困扰。每个人都坚持自己的观点，以至于常常忘记倾听对方的论点。对此，有一种方法是寻找共同框架，通过搜索有关每个人的意图的信息来消除对立。无论讨论的主题是什么，每个人都必须意识到他们有一个共同目标：找到一个解决困境的办法（而不是"做更多不起作用的事情"）。

要想使用共同框架，只需系统地基于该模式提出问题。

- "在提出这个建议时，你的目标是什么，你希望得到什么？"
- "这会给你带来什么？"
- "这对你来说有什么重要价值？"

为了找到共同目标、就每个人的动机达成一致意见，通常有必要追根溯源、找到原因。通过这种方式，对话者将认识到他们可以在一个大框架内交流，在这个框架内，他们可以开始真正的谈判。我们如何确保共同目标得到尊重？使用这种方法时，要记住保持必要的灵活性和良好沟通的内在态度。

杰西卡和大卫结婚超过 15 年了，他们近几年的婚姻生活过得相当艰难。现在，他们觉得陷入了僵局、走进了"死胡同"。他们很痛苦，对彼此充满不满。他们再也没有交流过，自从……他们也记不太清是自从什么时候起了。他们谈到离婚的问题，因为他们的"危机"已经让人无法忍受。在一次经双方同意的夫妻治疗中，我谈到寻找一个共同框架的想法，这个框架将使他们能再次交流，表达自己并倾听对方的声音。

杰西卡："我对我们共同生活的期望是：我们感觉彼此很亲近，我们可以一起谈论彼此感兴趣的事情，即使它们是不同的话题。"

大卫："这对你有什么好处？"

杰西卡："这会让我觉得我们又是一对真正的夫妻了，我们不像同居的陌生人那样生活；让我确信自己对你来说很重要，在你眼里我是一个独一无二的人，和我一起生活你感到很愉快。"

大卫："这些对你来说有多重要？"

杰西卡："我可能过于浪漫主义，但我对所谓的夫妻关系仍保留自己的看法。在夫妻关系中，分享和亲密在各个层面都至关重要。这很重要，因为这会让我确信自己能分享你的幸福。"

大卫："如果我没理解错，对你来说重要的是分享，它让你觉得你可以让丈夫快乐。"

杰西卡："是的，就是这样。如果我知道自己能让你快乐，作为一个女人，我会感到满足，因为这是从我们相遇那天起我一直想做到的。就好像我生来就被赋予了这项使命……"

大卫："我对我们共同生活的期望是我可以自由地为自己设定目标。"

杰西卡："这对你有什么好处？"

大卫："我相信我有能力实现这些目标，我有信心，我知道如何采取正确的策略来实现……"

杰西卡："这会给你带来什么？"

大卫："我在还年轻的时候为自己设定了重要的使命，用你的话来说，就好像我生来就被赋予了这项使命。这就是为什么它们对我来说如此重要，无法完成这些目标会让我很失望，我无法忍受这一点。"

杰西卡和大卫刚刚发现了他们的共同框架：完成他

们年轻时为自己设定的使命。在此基础上，他们可以更好地相互理解，并就如何实现各自的使命进行讨论。通过这种交流，他们找到一种共同语言，理解了他们的使命所涉及的利害关系，也确信自己有完成使命的能力。他们有相同的期望，只是他们都没有提及。他们可以在尊重自身使命的同时，帮助对方完成使命。

正如我们刚才看到的，当关系开始变得糟糕时，有时有必要在这段关系完全破裂之前开始接受心理治疗，因为你并不总能意识到关系中的不良因素。可能尽管你尽了最大努力试图更好地沟通，但你仍然觉得自己陷入了僵局。时间不足以解决问题，如果问题存在太久，它们会恶化，你会遭受更多痛苦。

在治疗过程中，旧的问题会再次出现并对你的人际关系产生影响，它们将被心理治疗师一起修复，这非常有利于你现在和未来的人际关系发展。你会感觉自己能更好地和自己相处，进而也能更好地和别人相处。这将是一个更好地了解自己的机会，对建立自尊而言必不可少（你只会爱你了解的人），而且能避免一段关系变得有害。

治疗将帮助你勇敢地展示真实的自己，一致、真实地描述自己。你能更好地管理你的情感生活，设定你的界限。你将成为一个能完全负起自身责任的成年人，意识到自己的内在力量，倾听自己的需求和愿望，成为自己最好的朋友。你会知道如何让别人感到舒适，通过所谓的"人际关系松绑"赢得他们的信任，激发他们的（非侵入性的）好奇心和直爽的言行，不和他们过分亲密，不（对他人或自己）提出过于苛刻的要求（尤其是在第一次见面时）。交友和维持友谊是平衡情感生活的关键，因为友谊和爱情一样强大。

这些都是寻求心理治疗师帮助的理由。

管理你的情绪

当一种非常强烈的情绪袭来时，你会感觉自己被这股洪流淹没，无法与人交流，因为那时你的理解和分析能力受到了损害，你无法进行任何形式的逻辑思考——你的言行都由你的感觉（大脑中的边缘系统）控制，你的精神（新大脑皮质）对你没有多大帮助。有时，你可能会对自己做出的某些行为感到遗憾，或者造成一种无法解决的局面，因为你太受伤了，无法进行必要的后退，客观看待事件的发展，你无法平息争论。可见，知道如何处理自己的情绪非常重要——这是你作为一个成年人和一个好的沟通者需要承担的一部分责任。这需要三种态度。

- 当情绪太强烈以至于你无法冷静地思考自己会说什么和做什么时，什么都别说，什么都别做。
- 克制自己的情绪从而使自己平静下来（而不是助长不满的情绪）。
- 利用这段冷静时间，以最有效的内在态度为自己提供应对危机的方法。

如果你无法控制自己的情绪，你最好停止交流。

以下建议将帮助你建立一段顺利且充实的人际关系。

- 培养观察力以便更好地感知，从而理解非语言沟通和准语言沟通所传递的信息。
- 关注自己的感受。如果你感觉不太好，问问自己有什么想要却没有得到的东西。或者确认自己是否有语义反应（见第 47 页）。
- 学会如何提出请求。
- 学会表达自己的不同意见，同时倾听对方的不同看法，然后就此进行讨论而不是批评。
- 懂得什么取决于自己、什么取决于他人，学会冷静地谈论这件事。

- 学会与他人一起寻找解决问题的方法。
- 记住，一个人并不等同于一件事，没有人等同于他所做的事。你可以说这是一件蠢事（每个人都能做的蠢事），却不能说这个人蠢。
- 要记住，潜意识在交流。即使拒绝一次交流，也不要在对话者保持消极的内在态度时进行一次谈话。
- 当你扮演一个角色或玩心理游戏时，学会辨别并解读各自的角色。
- 问问自己，你是否真的希望这种关系继续下去。
- 展现最真实的自己，人们会欣赏你最真实的样子。
- 确保清楚地传达信息，从而避免被误解。
- 确保你们对彼此的理解没有偏差。
- 避免这本书中提到的任何限制良好沟通的因素。

正所谓："观察而不评判是人类智力的最高形式。"在我看来，如果"批判性思维"是思想成熟和自主的证据，那么批评（通常是傲慢的，甚至是潜在的，"加害者"有时有能力这样做）则意味着缺乏话题……

积极倾听

　　这就是所谓的"全部倾听"，它要求你在不打断对方的前提下倾听对方的想法。通过这种方式，对方可以坚持自己的想法，阐释自己的意见，有时甚至能发现他自己没有意识到的一些方面。这是治疗性倾听的原则，但不是目的，它只是专注于说话的人。一些问题或评论（应在对方灵感迸发时提出，这并不妨碍对方说话）可能对谈话有帮助："我明白了""我有点儿糊涂了，你能说清楚点儿吗"等。在这种交流模式下，应该避免发表意见或解释。在谈话结束前，你不应说任何私人的话，这也是成为一个好的倾听者，即一个好的沟通者的重要方式。

　　积极倾听还意味着能重新表述，也就是说，在一段话的末尾（就同一个主题说过 8 到 10 个句子之后），以一种更简短或更清晰、明确的方式重复刚刚说过的话。同样，不要打断别人的话，而要善于利用对方呼吸和停顿的时机，因为感觉被理解是很重要的。因此，你可以以这样的句子开头："如果我没理解错，你是在告诉我……""换句话说……"，同时你的话里要用到他刚刚说话时用到的关键词。在继续这个话题之前，他会默许

（也许只是点头）你的打断，或者对你的话做一些更正
（在这种情况下，你会重新进行表述），或者接着你刚才
说的话继续说。如果你不明白他在说什么，你就复述你
已理解的部分，然后要求他解释剩下的部分。他也会继
续说下去，也许他对话题的表述会更清楚：你帮了他。

通过练习这种形式的倾听，你会意识到，不发表评
论或个人理解并不容易。这是一个很好的学习过程。同
时，你可以检验他的非语言沟通效果，这是衡量倾听质
量的最佳指标。记住，"受害者"或"加害者"的倾听能
力几乎为零……

同理心的力量

同理心一词近来非常流行，它描述了一种感知他人
感受的能力。拥有同理心的人能理解他经历的一切，同
时又能不把自己的情感和他人的情感混为一谈（否则将
导致"自我感觉"的丧失）。小说家艾格尼斯·莱迪希
（Agnès Ledig）[5] 解释说："同理心是向洞里的人伸出援
手，而不是跳进去帮他爬上来。"对于帮助者（心理治疗
师、医生等）来说，同理心作用极大，因此与其和来访
者或患者一起哭，不如用大笑感染他！

　　同理心并不意味着与对话者有情感联系，当然，也不意味着任何评判（与同情或反感不同）。同理心意味着理解并在一段时间内"偏离"自我，"以他人为中心"。同情是善意的载体。长期以来，动物行为学家们已经证明，动物（特别是灵长类动物，大象、鲸类、老鼠、鸟类和许多其他动物）会表现出令人钦佩的同理心，人们有时会希望能在自己身上更好地体现这种人文关怀。同理心也是孩子们必须尽快培养的，尽管它通常与生俱来。

　　让·弗朗索瓦·多尔蒂耶（Jean François Dortier）[6]提出同理心的三个方面：

- 认知能力（理解他人想法和意图的能力）；
- 情感感知（"理解他人的情绪"却不分享它——这一点至关重要）；
- 同情心（善意是对同理心的补充，渴望支持、安慰和帮助他人）。

　　虽然"同理心是一种倾听和支持的表现，一种倾听他人的感受和需求的品质，并且不会把他人引向别处"[7]，但这种对他人的关注并不是最近才出现的，并且对于维持良好的关系来说是必要的。当然，同理心可以避免一段关系变得有害，排除了自我中心主义和利己主义等不良品质（而后者在考虑自我、自己的需求和期望时有价值）。更重要的是，同理心不仅仅针对最弱势的群体，它是一种普遍应用于生活各个领域的品质，甚至在工作场所中也是如此。在这种情况下，保护自己不受其影响至关重要：如果过度关注他人的困难，我们很快就会忘记自己，随之而来的是倦怠的内在情绪状态，这种倦怠会影响身体状态。这种情况在从事救助行业的人，如社会工作者或护士等身上很常见[8]。关怀，一种如此人性化的行为，最终会"耗尽"自身的抵抗力，那些不知道如何调节自己同理心的人最终会"崩溃"，并且通常需要好几个月才能恢复。有时，情绪负担太重的人很难建立一个对时间和压力有抵抗力的"保护层"，这样的人在解决许多严重的问题时往往会产生一种无能为力的感觉。

在写这一部分内容时，我对那些没有能力提供必要帮助的社会工作者充满同情，医院中的工作人员也面临这样的情况。每天与身体状况不好的儿童或年纪和祖父母相仿的人接触的人，其身体、心理、情感和各个方面的健康都处在巨大的危险之中。因此，我们必须与自己保持联系,以避免这些真正的危险,更何况有时个人生活中出现的问题会使情况变得更糟。尽管存在这些风险,但"如果在进行遣责之前能多一些理解,我们就会走上人际关系人性化的道路"[9]。理解是同理心发挥的作用。

与善意和体贴一样,同理心是与人相处、人际关系、社会生活的保障,即使与陌生人相处也是如此。同理心有能力让别人知道它的存在,并在自己的人性中承认它。

最后,我将简要回顾一些基本要素,以确保你的人际关系中的有害因素尽可能少。

- 没有良好的人际关系,一个人不会过得很幸福。
- 没有良好的沟通,就不会有一段良好的人际关系。
- 不沟通是不可能的,除非你没日没夜地睡觉。
- 人类社会中一切皆是沟通,但沟通并非只有通过语言进行这一种形式。
- 你不知道你所知道的一切。这是一个悖论吗?是的,那些你暂时没有意识到的认识只是需要被揭示。
- 你不知道自己有无穷的精神力量。只要"假装"自己拥有这种潜在能力,你就会发现它真的能为你所用。

- 你给自己的选择越多，你的自由感就越强。给自己提供有关感知的选择越多，就越能做出接近现实的推断、学习新的沟通方式，这些会让沟通变得更有效，从而提高人际关系的质量。
- 你的对话者的反应会告诉你，你对他说了什么。
- 无法倾听或接受他人的个性，就无法进行良好的沟通。其他人的个性必然与你不同，但记住，哪怕与你截然不同，他也不是你的敌人。

记住，一个好的沟通者会关注对方的非语言和准语言，更喜欢说"并且"而不是"但是"，会练习积极倾听以确保理解了对方所说的话，是有同理心的，更注重个人而不是自己的内部话语，会在交流过程中保持灵活性，尊重他人的反馈和其他方面，同时保持真实性和一致性（这是个人魅力的基础）。

本书进入尾声，我希望它能让你明白，你有时会无意中成为"加害者"或"受害者"，并发展一段有害的关系。但通过更好地沟通，你可以与自己和他人保持良好的关系。这是我真诚而殷切地希望你能做到的事，因为我知道这是可能实现的。

附录 ▎A P P E N D I X
学 会 说 出 自 己 的 情 绪

　　所有的情绪首先都与身体有关，有些短语很好地描述了这一点："我喘不过气来""腿快断了""胃里翻江倒海"等。所有人都有持续却不一定能被准确捕捉到的情绪，只是有些人完全割舍了这些情绪。每个人表达情绪的方式都不同，这取决于各自的家庭文化和生活的社会。情绪对关系有很大的影响：一段关系的好坏在很大程度上取决于情绪。你越了解它们，就越能更好地表达它们，越能将一段人际关系的有害风险降到最低。为了更好地认识和理解自己、让自己带着真实情绪生活、以此丰富自己的生活，你必须学会给这些情绪命名。如果这些情绪不存在，人们的生活将会是怎样的？我不愿意想象一个充满机器人的世界。

　　这就是为什么我要提供一个非常详尽的情绪词汇表。其中有些是表达愉快情绪的词，有些则是表达不那么愉快甚至一点也不愉快的情绪的词，但它们都是有意义的，因为它们反映了你正在经历的事情。它们中的一些会让你的人际关系变得更好，而另一些则会让你的人际关系逐渐或迅速变得有害。但我们必须考虑它们对沟通的影响。

震惊的、气馁的、精疲力竭的、心不在焉的、全神贯注的、难以忍受的、临近爆发的、仰慕的、虚弱的、感动的、苦恼的、惊恐的、恼火的、不安的、目瞪口呆的、热爱的、深情的、舒适的、疲倦的、惊慌的、苦涩的、卑微的、沮丧的、麻木的、焦虑的、惶惶不安的、受惊的、厌烦的、警觉的、感到轻松的、愉快的、友好的、爱恋的、高兴的、被激怒的、平静的、漠不关心的、同情的、消沉的、肯定的、被击倒的、怜悯的、认真的、惊骇的、感兴趣的、悲伤的、心满意足的、心情愉快的、非常幸福的、亲切的、腻烦的、受伤的、坚强的、引起心理障碍的、惊奇地张大了嘴、低声抱怨的、激奋的、心神不宁的、伤心的、忧郁的、温存的、冷静的、被吸引的、懊恼的、动摇的、很高兴的、受到惊吓的、谨慎的、十分满意的、富于同情心的、善解人意的、克制的、信赖的、混乱的、享受的、羞愧的、洒脱的、安慰人心的、满足的、不快的、忏悔的、有罪的、孤独的、勇敢的、惶恐的、僵硬的、好奇的、无能为力的、迷茫的、万分悲痛的、张皇失措的、窘迫的、被孤立的、不知所措的、泄气的、失望的、精神不振的、清醒的、让人放松的、士气低落的、失去动力的、恼恨的、不抱幻想的、失意的、绝望的、幻想破灭的、感到遗憾的、感到厌恶的、解脱的、冷酷无情的、局促不安的、占下风的、控制不了局面的、不自在的、一无所有的、抑郁的、狼狈的、无言以对的、心慌意乱的、无所事事的、迷失方向的、不安稳的、冷淡的、果断的、平稳的、精神衰弱的、精神饱满的、无拘束的、疏远的、漫不经心的、有分歧的、表示怀疑的、极为惊讶的、极为惊奇的、赞叹的、震撼的、左右为难的、令人反感的、惊魂未定的、颓丧的、受惊的、失去理智的、出丑的、为难的、烦恼的、惊叹的、令人糊涂的、兴奋的、共感的、殷勤的、生气的、非常高兴的、鼓舞人心的、内心惶恐不安的、悲痛的、充满活力的、满怀热情的、融洽的、活泼的、感到无聊的、心安理得的、狂热的、退缩的、神魂颠倒的、热烈的、羡慕的、着迷的、喜悦的、十分诧异的、狂乱的、哀怨的、钟情的、遭受不幸的、稳重的、惬意的、恼怒的、激动的、迷恋的、自负的、防备的、脆弱

的、受挫的、暴怒的、狂怒的、快活的、暴躁的、陶醉
的、好低声抱怨的、憎恶的、有害的、一触即发的、脾
气暴躁的、优柔寡断的、幸福的、被冒犯的、快活的、
感到羞耻的、令人害怕的、令人毛骨悚然的、敌视的、
无动于衷的、忍受不了的、镇定的、相关的、印象深刻
的、令人烦恼的、怀疑的、不感兴趣的、愤慨的、坚定
不移的、不满意的、无忧无虑的、受到启发的、发愣
的、有利害关系的、说不出话来的、引起注意的、胆怯
的、困惑的、易怒的、犹豫不决的、嫉妒的、兴高采烈
的、疲倦的、轻松的、解脱的、自由的、凄凉的、不自
在的、不幸的、郁郁寡欢的、不满的、大吃一惊的、悲
惨的、鼓舞人心的、枯燥乏味的、阴郁的、禁欲的、有
明确动机的、神经质的、怀旧的、情绪充沛的、惹人生
厌的、过于敏感的、乐观主义的、极端的、坦诚的、温
和的、失魂落魄的、介于几种矛盾的感情之中的、富于
情感的、迷惘的、苦恼的、尴尬的、沉思的、迷失的、
令人困惑的、悲观主义的、容光焕发的、可悲的、心平
气和的、精神焕发的（或其他方面感到振奋的）、面色铁
青的、庄重的、忧虑的、专心的、亲切的、筋疲力尽的、
充满同情的（充满痛苦的、充满感激的、充满虔诚的）、

洋溢着幸福的、安心的、喜出望外的、恢复精力的、意气风发的、扫兴的、令人精神振作的、感激的、欢欣的、放松的、有关联的、脸色阴沉的、令人精神振作的、谴责的、屈从的、缄默不语的、倔强的、令人心烦意乱的、脾气不好的、使人振作精神的、愤愤不平的、神情失常的、爱抱怨的、理解的、满意的、持怀疑态度的、心绪不宁的、令人安心的、吸引人的、敏感的、从容的、被吓呆的、阴郁的、吃惊的、令人宽慰的、猜疑的、刺激的、坚忍的、紧张的、喘不上气的、激动得说不出话来的、惊愕的、过度兴奋的、对自己有信心的、过度劳累的、惊奇的、极其激动的、猜疑的、温柔的、冒险的、令人哑口无言的、受惊吓的、恐惧的、麻痹的、纠缠不休的、被感动的、痛苦万分的、心荡神驰的、受到创伤的、充满怨恨的、动摇不定的、茫然若失的、心力交瘁的、增益精力的。

这些词之间（在意义、感情、态度等方面）有着细微差别，也代表不同的情绪强度。

结语 | CONCLUSION
一段关系中彼此感觉
良好的秘诀

"生活不是人们设想中的样子，它就是它。"

——维吉尼亚·萨提亚

当生活需求得到满足、你可以在足够舒适和安全的条件下生活时，情感关系（无论关系的类型和强度如何）可能是生活中最重要的事情，它们以各自的方式为生命提供温暖。人际关系是一种"情感支持"[1]，它为所有的存在提供了一个存在的理由：这是一种能让人微笑的抚摸，提供了心理健康所需的安全感，并且与生理健康息息相关。它甚至比"营养补充剂"更好，它以不断变化的形式，不仅为儿童的发展同时也为成人的发展提供了必需的营养。

在沟通的滋养下，你们的关系好坏取决于彼此交流的质量。通过阅读这本书，你了解了一些交流障碍，幸运的是，这些障碍是可以被克服的。在写这本书时，我经常听一首美妙的歌曲。

这首歌给我带来了微笑，有时情至深处，我的双眼饱含热泪。你知道沟通多么重要，甚至可以说是生活中不可或缺的一部分，因此我觉得再怎么鼓励你也不为过。通过把自己与生俱来的和从他人身上学到的知识、诀窍及与个人情商和个性等相关的技能结合起来，你可以在这门艺术中不断完善自己。本书提供了一部分相关技巧，你需要一次又一次地练习。学习是你给自己的一份礼物，你会日复一日地享受它的好处，你会从对话者的眼神中发现这一点。保持正直、真实、真理和一致性，这些都是良好沟通的重要因素，或者更广泛地说，它们能让你更好地生活。当然，这是你的个人选择。我希望我说服了你们所有人，因为你们有责任确保一段关系发展得很好，并且能滋养你的思想和心灵。你既不是"受害者"，也不是"加害者"，一切将取决于你的对话者们是否愿意和你共舞一曲。如果有人拒绝，在不伤害他们、尊重他们的差异和观念的前提下，告诉他们你的看法。孔子说："己所不欲，勿施于人。"维吉尼亚·萨提亚也说："我们不应该被别人狭隘的观念所定义。"

我想用另一位伟大的女士——才华横溢的作家弗吉尼亚·吴尔夫（Virginia Woolf）的名言来结束这本书："沟通是健康的，沟通是真实的，沟通是幸福的。分享是我们的责任。勇敢地跳入水中，把那些最病态的隐藏着的思想带到光明中。不隐瞒，不假装。如果我们无知，就承认；如果我们爱我们的朋友，就让他们知道。"

注释 | NOTES

引言

1. Interview de Catherine Argand, Lire, 1er novembre 2000.

2. Sylvie Tenenbaum, Se libérer de l'emprise émotionnelle, Leduc.s, 2017.

3. Jacques Salomé, Pourquoi est-il si difficile d'être heureux ?, Albin Michel, 2007.

4. John Grinder et Richard Bandler, Les Secrets de la communication, Le Livre de Poche, 2011.

5. La Fabrique de l'homme pervers, Odile Jacob, 2017.

第 1 章

1. Boris Cyrulnik, Mémoire de singe et paroles d'homme, Pluriel, 2010.

2. Sylvie Tenenbaum, Dépression. Et si ça venait de

nos ancêtres, Albin Michel, 2016.

3. Michel Saucet, La Sémantique générale aujourd'hui, Le Courrier du Livre, 1987.

4. Nicole Lapierre, Sauve qui peut la vie, Le Seuil, 2015.

5. Jean Leymarie, Picasso. Métamorphose et unité, éditions d'art Albert Skira, 1971.

6. Vous trouverez une explication détaillée et des moyens de découvrir vos principales croyances dans mon livre Nos paysages intérieurs, InterEditions, 2007.

7. Robert Fisch, John Weakland, Lynn Segal, Tactiques du changement, Le Seuil, 1986.

8. Sylvie Tenenbaum, Pensez enfin à vous !, Albin Michel, 2019.

9. Génie Laborde et John Grinder, Influencer avec intégrité, InterEditions, 2012.

10. Fish et al., op. cit.

11. De la guerre conjugale, Mazarine, 1986.

12. Grasset et Fasquelle, 1982.

第 2 章

1. Les mots sont des fenêtres (ou bien ce sont des murs), La Découverte, 2016.
2. Ibid.
3. Jacques Salomé, Oser travailler heureux. Entre prendre et donner, Albin Michel, 2000.

第 3 章

1. Ce qu'Edward T. Hall appelait la proxémique, science qui étudie la distance entre les gens.
2. Sylvie Tenenbaum, L'Art de s'aimer sans mots, Albin Michel, 2003.
3. Vers une écologie de l'esprit, 1, Le Seuil, coll. « Essais », 1995. 73.

第 4 章

1. Christiane Rassaert, interview de Lilian Glass: « Débarrassez-vous des.personnes toxiques », Plus Magazine, 21/04/16.
2. Sylvie Tenenbaum, L'Emprise émotionnelle, op. cit.

3. Sylvie Tenenbaum, Dépasser ses traumatismes, Leduc.s, 2017.

4. Virginia Satir, Pour retrouverl' harmonie familiale, Universitaires, 1989.

5. Des jeux et des hommes, Stock, 1984.

第 5 章

1. Tite-Live, Les Maximes et Sentences, i er siècle après J.-C.

2. Sylvie Tenenbaum, Bien vivre sa vie de couple, op. cit.

3. Ibid.

4. George Bach et Ronald Deutsch, Arrête ! Tum' exaspères, Le Jour Éditeur,1985.

5. Edmond Marc et Dominique Picard, L' École de Palo Alto, Retz, 2013.

第 6 章

1. La Réalité de la réalité. Confusion, désinformation, communication, Le Seuil, coll. « Points », 2014.

2. Tanya Sénécal, une petite Canadienne de 9

ans, citée sur leur site « La boîte à outils de l'intelligence émotionnelle » par Martine-Eva Launet et Céline Peres-Court.

3. Boris Cyrulnik, Un merveilleux malheur, Odile Jacob, 1999.

4. Sylvie Tenenbaum, Pensez enfin à vous !, op. cit.

5. Howard Halpern, Adieu. Apprenez à rompre sans difficulté, Les Éditions de l'Homme, 2008.

6. Albert Memmi, La Dépendance, Folio, coll. « Essais », 1993

7. Sylvie Tenenbaum, Vaincre la dépendance affective, op. cit.

第 7 章

1. Carl Gustav Jung, L'Homme et ses symboles, Robert Laffont, 2002.

2. Jacques Salomé, Oser travailler heureux, Albin Michel, 2000.

3. Le Bonheur conjugal, Gallimard, 2012.

4. Carl Gustav Jung, Ma vie, Gallimard, coll. « Folio »,

1991.

5. Juste avant le bonheur, Albin Michel, 2013.

6. « Empathie et bienveillance », Sciences humaines, n° 296 bis, 09/2017.

7. Marshall B. Rosenberg, op. cit.

8. Sylvie Tenenbaum, Pensez enfin à vous !, op. cit.

9. Edgar Morin, Les Sept Savoirs nécessaires à l'éducation du futur, Le Seuil, 2000.

参考文献 | R E F E R E N C E

1. AURIFEILLE Jacques-Marie, « Proposition d'une méthode de mesure du halo affectif en marketing », *RAM (Recherche et Application en Marketing)*, vol. 31, n° 4, 2016.

2. BACH George et Deutsch Ronald, *Arrête ! Tu m'exas- pères,* Le Jour Éditeur, 1985.

3. BERNE Éric, *Des jeux et des hommes*, Stock (essais), 1984.

4. BERNE Éric, *Que dites-vous après avoir dit bonjour ?* Tchou, coll. « Le corps à vivre », 2013.

5. BATESON Gregory, *Vers une* écologie *de l'esprit, 1*, Seuil, coll. « Essais », 1995.

6. CYRULNIK Boris, *Mémoire de singe et paroles d'homme*, Le Livre de Poche, 2010.

7. DAMASIO Antonio, *L'Erreur de Descartes. La raison des émotions*, Odile Jacob, 1995.

8. GOFFMAN Erving, *Mise en scène de la vie quotidienne*, 1. *La présentation de soi*, Éditions de Minuit, 1973.

9. GOFFMAN Erving, *Les Rites d'interaction*, Éditions de Minuit, 1985.

10. GRINDER John et Bandler Richard, *Les Secrets de la communication*, Le Livre de Poche, 2011.

11. HALL Edward T., *Le Langage silencieux*, Le Livre de Poche, 1984.

12. HALL Edward T., *La Danse de la vie*, Le Livre de Poche, 1992.

13. HALL Edward T., *La Dimension cachée*, Points (Essais), 2014.

14. HALL Edward T., *Au-delà de la culture*, Poche, 2016.

15. HALPERN Howard M., *Adieu. Apprenez à rompre sans difficultés*, Les Éditions de l' Homme, 2008.

16. JUNG Carl Gustav, *L'Homme et ses symboles*, Robert Laffont, 2002.

17. JUNG Carl Gustav, *Ma vie*, Gallimard, coll. «
Folio», 1991.

18. LABORDE Genie, *Influencer avec intégrité*,
InterEditions, 2012.

19. LAING Ronald D., *Est-ce que tu m'aimes
vraiment ?*, Stock, 1978.

20. LARDELLIER Pascal, « Pour en finir avec la
"synergolo- gie"», *Communication*, vol. 26/2,
2008.

21. MARC Edmond et Picard Dominique, *L'École de
Palo Alto. Un nouveau regard sur les relations
humaines*, Retz, 2013.

22. MEMMI Albert, *La Dépendance*, Folio, coll «
Essais », 1993.

23. ROSENBERG Marshall B., *Les Mots sont
des fenêtres (ou bien ce sont des murs)*, La
Découverte, 2016.

24. SAINT-PAUL Josiane (de) et Tenenbaum
Sylvie, *L'Esprit de la magie. La PNL. Relation
à soi, relation à l'autre, relation au monde*,

InterEditions, 2019.

25. SALOMÉ Jacques, *Parle-moi... J'ai des choses à te dire*, Le Livre de Poche, 2011.

26. SALOMÉ Jacques, *Oser travailler heureux. Entre prendre et donner*, Albin Michel, 2000.

27. SATIR Virginia, *Thérapie de couple et de la famille – thérapie familiale*, Desclée de Brouwer, 2006.

28. SATIR Virginia, *Pour retrouver l'harmonie familiale*, Universitaires, 1989.

29. SAUCET Maurice, *La Sémantique générale aujourd'hui*, Le Courrier du Livre, 1987.

30. STEINER Claude, *L'ABC des* émotions. *Développer son intelligence* émotionnelle, InterEditions, 2019.

31. TENENBAUM Sylvie, *Nos paysages intérieurs. Ces idées qui nous façonnent*, InterEditions, 2007.

32. TENENBAUM Sylvie, *L'Art de s'aimer sans mots*, Albin Michel, 2003.

33. TENENBAUM Sylvie, *Bien vivre sa vie de couple. Affectivité, psychologie, communication*, InterEditions, 1999.

34. TENENBAUM Sylvie, *Vaincre la dépendance affective. Pour ne plus vivre uniquement par le regard des autres*, Albin Michel, 2010.

35. TENENBAUM Sylvie, *Le Syndrome de la fée Clochette*, Éditions du Moment, 2014.

36. TENENBAUM Sylvie, Cavé Françoise, Laugero Dominique, *L'ennéagramme. Connaissance de soi et développement personnel*, InterEditions, 2014.

37. TENENBAUM Sylvie, *Dépression. Et si ça venait de nos ancêtres ?*, Albin Michel, 2016.

38. TENENBAUM Sylvie, *Se libérer de l'emprise émotionnelle*, Leduc.s, 2017.

39. TENENBAUM Sylvie, *Dépasser ses traumatismes*, Leduc.s, 2017.

40. TENENBAUM Sylvie, *Pensez enfin à vous ! Devenez la personne la plus importante de votre vie*, Albin Michel, 2019.

41. TENENBAUM Sylvie, *Guérir de la blessure d'abandon. Dépasser ses peurs pour renaître à soi-même*, Leduc.s, 2020.

42. WATZLAWICK Paul, *L'Invention de la réalité*, Le Seuil, coll. « Essais », 1996.

43. WATZLAWICK Paul, *La réalité de la réalité. Confusion, désinformation, communication*, Le Seuil, coll. « Points », 2014.

44. WATZLAWICK Paul, *Changements, paradoxes et psychothérapie*, Le Seuil, coll. « Points », 2014.

45. WATZLAWICK Paul, *Faites vous-même votre malheur*, Le Seuil, coll. « Points », 2014.

46. WATZLAWICK Paul, HELMICK BEAVIN Janet, JACKSON Don D., *Une logique de la communication*, Le Seuil, coll. « Points Essais », 2014.